MARCO POLO

Reisen mit **Insider Tipps**

ZÜRICH

MARCO POLO Co-Autorin
Gabrielle Attinger

Gabrielle Attinger wuchs am Zürichsee auf und studierte in Zürich Germanistik und Philosophie. Als Reiseleiterin und Rezeptionistin auf Kreuzfahrtschiffen bereiste sie die Welt. Dann machte sie ihre Leidenschaft zum Beruf und wurde Reisejournalistin und -redakteurin. Sie leitete lange den Reiseteil der „SonntagsZeitung" und schreibt heute als freie Journalistin für Zeitungen und Magazine.

www.marcopolo.de/zuerich

← UMSCHLAG VORN:
DIE WICHTIGSTEN HIGHLIGHTS

Die besten Insider-Tipps → S. 4

Best of ... → S. 6

Sehenswertes → S. 26

Essen & Trinken → S. 58

SYMBOLE

INSIDER TIPP Insider-Tipp
★ Highlight
●●●● Best of ...
Schöne Aussicht
Grün & fair: für ökologische oder faire Aspekte
(*) kostenpflichtige Telefonnummer

PREISKATEGORIEN HOTELS

€€€ über 150 Euro
€€ 100–150 Euro
€ unter 100 Euro

Die Preise gelten für zwei Personen im Doppelzimmer mit Frühstück pro Nacht

PREISKATEGORIEN RESTAURANTS

€€€ über 26 Euro
€€ 14–26 Euro
€ unter 14 Euro

Die Preise gelten für ein durchschnittliches Hauptgericht

Einkaufen → S. 68

Am Abend → S. 76

Übernachten → S. 84

Cityatlas → S. 112

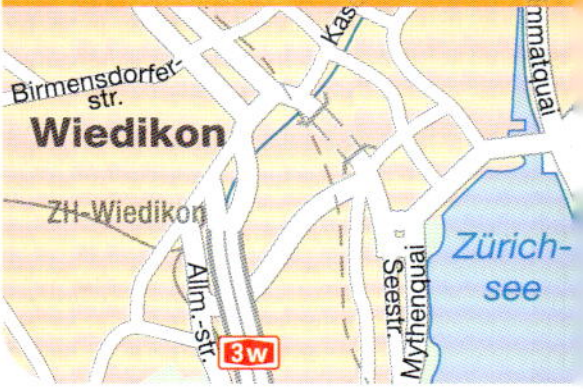

GUT ZU WISSEN

KARTEN IM BAND

(114 A1) Seitenzahlen und Koordinaten verweisen auf den Cityatlas

(0) Ort/Adresse liegt außerhalb des Kartenausschnitts

Es sind auch die Objekte mit Koordinaten versehen, die nicht im Cityatlas stehen

Einen Liniennetzplan der öffentlichen Verkehrsmittel finden Sie im hinteren Umschlag

UMSCHLAG HINTEN: FALTKARTE ZUM HERAUSNEHMEN →

FALTKARTE 🗺

(🗺 A–B 2–3) verweist auf die herausnehmbare Faltkarte

Die besten MARCO POLO Insider-Tipps

Von allen Insider-Tipps finden Sie hier die 15 besten

INSIDER TIPP **Kleine Gasse, große Namen**

So wie in der *Spiegelgasse* mag Zürich im Mittelalter ausgesehen haben. Und ein paar Berühmtheiten haben hier auch noch gewohnt oder gewirkt → S. 34

INSIDER TIPP **Romantik in der Stadt**

Der *Lindenhof* ist eine versteckte grüne Oase. Hier hält man unter Kastanien inne, blickt auf die Limmat und gönnt sich eine Partie Schach mit den großen Bodenfiguren → S. 41

INSIDER TIPP **Bar im Fluss**

Die Frauen-Flussbadeanstalt hinter dem Bauschänzli wird im Sommer abends zur *Barfussbar* für Frauen und Männer, wo neben Drinks auch Livemusik geboten wird → S. 78

INSIDER TIPP **Zimmer mit Ausblick**

Wer möchte eine eigene Dachterrasse in der Altstadt? Das *Statthotel* bietet eine Suite im Dachgiebel mit offener Küche an, von deren Balkon man auf die Limmat sieht → S. 89

INSIDER TIPP **Beispielhaftes Bauen**

Die *Werkbundsiedlung Neubühl* in Wollishofen aus den Jahren 1930–32 gilt als Prototyp des „neuen Bauens" in der Schweiz → S. 57

INSIDER TIPP **Alles bio, oder was?**

Im *Tüfi* wird mit regionalen, saisonalen und fair gehandelten Produkten und Zutaten in Bio-Qualität phantasievoll und lecker gekocht. → S. 65

INSIDER TIPP **Asien ganz nah**

Der ursprünglichen Thai-Küche verpflichtet ist das Restaurant *Ah-Hua,* von dem es inzwischen zwei gibt: Die Zutaten zu den Gerichten werden zweimal wöchentlich frisch eingeflogen – und die Preise sind trotzdem moderat → S. 60

INSIDER TIPP **Auf die Alp**

Der Aufstieg zur *Blüemlisalp*, der tiefstgelegenen Alp der Schweiz, lohnt die Mühe, auch weil Sie hier mit urschweizerischer Kost verpflegt werden → S. 97

INSIDER TIPP **Rund um die Uhr**

Das *Acanto* ist Restaurant, Gelateria, Bar und Disko zugleich. Eine Terrasse bietet Ausblick auf die Ausgehmeile Zürich-West und das Quartier rund um den Prime Tower. Tagsüber gibt's schweizerische und italienische Kost und Foccacce, dienstags Afterwork-Party → S. 66

INSIDER TIPP **Moderne Klassik**

Ida Gut hat die Uniformen für die Swissair und das Verkaufspersonal der Migros kreiert. Die Qualität dieser Serien prägt auch ihre Kollektionen für Privatkundinnen: Sie sind schlicht, funktional und perfekt verarbeitet (Foto u.) → S. 74

INSIDER TIPP **Gartenidylle**

Die edle *Tao's Lounge* in einer ruhigen Seitengasse der Bahnhofstrasse ist nicht nur ein besonders stilvolles Lokal mit Gault-Millau-dekorierter Küche. Seine große, mit Bäumen beschattete Terrasse ist im Sommer sicher eine der schönsten ruhigen Ecken der Stadt (Foto li.) → S. 80

INSIDER TIPP **Liebhabertreff**

Die Musikbar *Mehrspur* der Zürcher Hochschule für Künste wird zum öffentlichen Proberaum: Der *Jazz Barrage Wednesday Jam* bringt verschiedene Musiker zum Spielen und Improvisieren zusammen → S. 81

INSIDER TIPP **König der Cocktails**

Das *Barfly'z* in der Nähe des Park Hyatt ist die beste Adresse, wenn's um Cocktails geht: Über 150 Mixgetränke stehen auf der Karte → S. 78

INSIDER TIPP **Baden mit Alpenblick**

Im *Seebad Enge* haben die Frauen ihren eigenen Badeponton – mit Traumblick auf den See und die Berge → S. 47

INSIDER TIPP **Schlafen überm Szenetreff**

Zur Kult-Bar *Helvti* gehören das Boutiquehotel *Helvetia,* dessen Zimmer mit moderner Kunst bestückt sind, ein Restaurant mit Sterneköchin und eine schöne Terrasse zum Fluss → S. 86

BEST OF ...

TOLLE ORTE ZUM NULLTARIF

Neues entdecken und den Geldbeutel schonen

SPAREN

● *Gratis-Touren*

Die *Gratis-Fahrräder* von Zürich haben schon Kultcharakter: Die Stadt verleiht in den Sommermonaten gratis Fahrräder, Skateboards und Kindervelos. An fünf Stationen in der Innenstadt bekommen Sie ein Fahrrad – und dann radeln Sie, wohin Sie wollen ... → S. 39

● *Jazz-Genuss*

Zweimal in der Woche verwandelt sich das italienische Restaurant *Trattoria & Soul* in eine Musikbar. Vornehmlich schweizerische, aber auch europäische Talente bringen einem Kennerpublikum feinsten Jazz zu Gehör – und der Eintritt ist frei (Foto) → S. 81

● *Ausgang mit Freundinnen*

Die Zürcher Nachtclubs sind um eine gute Durchmischung des Publikums besorgt. So bietet etwa die *Labor-Bar* in Zürich-West den Damen, die vor 23 bzw. 24 Uhr eintreffen, selbst am Wochenende einen Gratis-Eintritt → S. 79

● *Unseren Planeten begreifen*

Die Museen der Universität Zürich sind gratis und bieten genug Anschuungsmaterial für einen ganzen Tag. Spannend ist z.B. *Focus Terra,* das erdwissenschaftliche Forschungs- und Informationszentrum der ETH Zürich → S. 39

● *Cooler Wochenanfang*

„Cool Monday" heißt es im berühmten *Club Mascotte* am Bellevue jeweils am Montag: Der Eintritt ab 20 Jahren ist frei. Und auch in der Party-Location *X-tra* am Limmatplatz wird der Cool Monday ab 22 Uhr mit Gratis-Eintritt gefeiert → S. 83

● *Klassik im Freien*

Im Rahmen der Zürcher Festspiele (Juni/Juli) finden auf dem Münsterhof vor der Fraumünsterkirche *Openair-Aufführungen* statt. Der Eintritt ist frei – eine Gelegenheit, Opern oder Sinfonien in einzigartiger Atmosphäre zu genießen → S. 100

●●●● Diese Punkte zeichnen in den folgenden Kapiteln die Best-of-Hinweise aus

TYPISCH ZÜRICH
Das erleben Sie nur hier

Panoramablick
Was wäre Zürich ohne seinen See und die weißen Berge in der Ferne! Von der Quaibrücke aus genießen Sie diese Aussicht am besten und haben zugleich den schönsten Blick auf das Zentrum: die Limmat, die Kirche St. Peter mit dem größten Zifferblatt Europas und das Grossmünster → S. 28

Luxusmeile
Die *Bahnhofstrasse* gehört zu den teuersten Shopping-Meilen der Welt, was die Ladenmieten angeht. Einen Kilometer lang ist sie, zieht sich vom Bahnhof zum See hinauf. Luxusuhren und Edel-Designer sind hier ebenso vertreten wie zwei Kaufhäuser und günstigere Modeboutiquen → S. 36

Schokolade
An der Ecke Bahnhofstrasse/Paradeplatz lockt eine der berühmtesten Confiserien zur Kaffeepause mit anschließendem Einkauf: *Sprüngli,* Heimat der weltbesten Schokotrüffel und der beliebten „Luxemburgerli" (Foto) → S. 72

Tram 4
Die Trams prägen das Straßenbild und bieten eine bequeme und aussichtsreiche Fahrt durch die Stadt. Einen besonders guten Eindruck der Größe und Vielfalt Zürichs bekommen Sie bei einer Rundfahrt mit der Nr. 4: Sie fährt vom See über das Limmatquai und den Hauptbahnhof bis weit über das Trendviertel im Kreis 5 hinaus → S. 27

Gaumenfreuden
„Züri-Gschnätzltes" oder Zürcher Geschnetzeltes mit Rösti ist das bekannteste Zürcher Gericht. Die währschafte Mahlzeit wird in vielen Restaurants serviert, aber nirgends mit so viel Stil wie in der ehrwürdigen *Kronenhalle* am Bellevue → S. 64

Limmatschiffe
Die niedrigen Flussschiffe fahren vom Landesmuseum aus flussaufwärts unter den Brücken hindurch zum See und dort über das Seebecken bis zum Zürichhorn im Seefeld. Die Fahrt dauert eine halbe Stunde und bietet einen schönen Blick auf Zürichs Zentrum aus interessanter Perspektive → S. 98

TYPISCH

BEST OF ...

SCHÖN, AUCH WENN ES REGNET

Aktivitäten, die Laune machen

REGEN

● ***Shop-Ville Rail City***

Der Hauptbahnhof hat sein eigenes Shopping-Center. Von der Bahnhofstrasse bis in den S-Bahnhof Museumsstrasse ziehen sich fast 100 Geschäfte durch Hallen und Durchgänge. Dazu kommt die große Halle: Hier finden fast täglich Märkte, Messen, Ausstellungen statt → S. 69

● ***Masoala-Halle***

Die nach einem Nationalpark in Madagaskar benannte, gigantische Halle im Zoo bildet einen Teil des Regenwalds nach. Die Flora und Fauna ist phänomenal und auch im dazugehörigen Restaurant mit Panoramafenster in die Halle lässt sich's aushalten → S. 57

● ***Schweizerisches Landesmuseum***

Nirgends ist die Geschichte der Schweiz besser zu verstehen und nachzuvollziehen als im *Landesmuseum*. Die großen Dauerausstellungen und Sammlungen sind eindrücklich präsentiert (Foto) → S. 42

● ***Aus Alt mach Neu: Sihlcity***

Auf dem Areal der einstigen Papierfabrik an der Sihl steht Zürichs mondänstes Shoppingcenter. Interessant sind nicht nur die Läden; der Komplex umfasst auch die *Arena Filmcity* und den herrlichen *Asia Spa* im Hotel *Four Points by Sheraton* → S. 47

● ***Kunst satt***

Mit seiner bedeutenden Sammlung von Gemälden und Skulpturen vom 15. Jh. bis in die Gegenwart gehört das *Kunsthaus Zürich* zu den wichtigsten kulturellen Leuchttürmen der Schweiz → S. 30

● ***Museum für Gestaltung***

Das Haus des Schweizer Designs liegt in der ehemaligen Kunstgewerbeschule und beherbergt die wichtigste Sammlung zu Design und visueller Kommunikation der Schweiz → S. 51

ENTSPANNT ZURÜCKLEHNEN

Durchatmen, genießen und verwöhnen lassen

ENTSPANNT

Relaxen am See

Vom Bellevue aus zieht sich die *Seepromenade* kilometerweit als Parkgelände am See entlang bis ins Seefeld. Dies ist an sonnigen Tagen der Ort, an dem alle sein möchten. Man hält die Füße ins Wasser oder lässt sich zum Picknick auf einer der Wiesen nieder (Foto) → S. 53

Thermalbad Zürich

In den Gewölben einer ehemaligen Brauerei ist ein einzigartiges *Thermalbad* entstanden. Im Spa-Bereich lockt ein irisch-römisches Bad mit diversen Saunen, und wer seinen Körper erwärmt, gereinigt und entspannt hat, ist dann reif für eines der luxuriösen Treatments → S. 23

Szene am Fluss

Das Flussbad *Oberer Letten* ist der sommerliche Szenetreff: der Betonbau in der Nähe des Zentrums, der 400 m lange Kanal, in dem man sich treiben lassen kann, und die Liegeterrasse werden von jungen Leuten zum Chillen angepeilt → S. 95

Orientalische Bäderkultur

Der orientalischen Badekultur haben sich die Migros-Fitnessparks *Münstergasse, Stockerhof* und *Puls 5* verschrieben. Neben dem Genuss der luxuriösen Badelandschaften können Sie hier im Hamam schwitzen und sich massieren lassen → S. 111

Schweben im Wasser

Die Technik wurde bei der NASA für die Schnellerholung von Astronauten entwickelt: das Floating. Sie lassen sich in einem warmen Pool treiben, hochprozentiges Solewasser sorgt dafür, dass der Körper schwebt. In Zürich gibt's ein eigenes Center dafür → S. 23

Sandstrand

Das Strandbad *Mythenquai* hat einen 250 m langen Sandstrand – und natürlich alles, was man sich sonst so wünscht für einen entspannten Tag am Wasser: Sprungplattform und Kinderbereich – dazu einen phantastischen Weitblick über den See und auf die fernen Berge → S. 48

AUFTAKT

ENTDECKEN SIE ZÜRICH!

Zürich bietet beste Lebensqualität. Das behaupten nicht die Zürcher selbst – das geht aus einer Studie von Mercer hervor, des größten Consultingunternehmens der Welt, das jedes Jahr Ranglisten erstellt. Seit Jahren liegt Zürich hier auf einem der vordersten Ränge. Was Zürich so lebens- und erlebenswert macht, sind das große Freizeitangebot und die privilegierte Lage am herrlichen Zürichsee, eingebettet in grüne Hügel. Es sind die ausgedehnten Fußgängerzonen und Grünflächen, die Straßencafés, die Altstadtgassen, die vielen jungen Designerläden, die Boutiquen der großen Modelabels.

Viele internationale Großkonzerne haben sich in oder um Zürich niedergelassen. Und nicht nur deren Mitarbeiter, auch die vielen ausländischen Fachkräfte in Schweizer Unternehmen machen Zürichs Bevölkerung zu einer polyglotten Gesellschaft. Fast jeder dritte Einwohner stammt aus dem Ausland. Brasilianische Bars, englische Clubs und japanische Spitzenrestaurants sind deshalb ebenso selbstverständlich wie die traditionellen Schweizer Kulturgüter: die Banken, die Uhren und die gute Schokolade.

Bild: Stadtansicht mit Grossmünster

In der Vergangenheit wurde Zürich vor allem der Politik der umliegenden Länder wegen häufig zur Wahlheimat großer Persönlichkeiten. Thomas Mann wohnte hier (bzw. im nahen Kilchberg), Bertolt Brecht und Richard Wagner, James Joyce, C. G. Jung, Georg Büchner sowie Wladimir Iljitsch Uljanow, besser bekannt unter dem Namen Lenin. Zürichs Liste von weltbekannten, brillanten Köpfen Schweizer Provenienz ist ebenfalls beeindruckend. Dazu gehören z. B. Gottfried Keller und Max Frisch oder die konstruktiven Künstler Max Bill und Richard Paul Lohse. Auch heute leben in und um Zürich viele Künstler, Showgrößen und sonstige VIPs, die man eher in Paris oder New York erwarten würde, so etwa die Rocklegende Tina Turner und der spanische Stararchitekt Santiago Calatrava.

Wahlheimat für Kulturschaffende und Wissenschaftler

Zürich ist Kunst- und Kulturmetropole: Auf knapp 370 000 Einwohner kommen über sechzig Kinosäle, vierzehn permanente Theater und über vierzig Museen. Dazu hat sich eine überaus lebendige und kreative Design- und Modeszene etabliert, was dazu führt, dass viele Jungtalente nicht in die Metropolen im Ausland abwandern, sondern ihre Kreativität in ihrer Heimat umsetzen. Heimische Labels wie Rossi und Ida Gut sind nur zwei Beispiele von vielen. Historische Kulturdenkmäler gibt es ebenfalls in Hülle und Fülle. Die Glasfenster von Marc Chagall im Fraumünster gehören dazu, die Plastik von Max Bill an der Bahnhofstrasse, das Grossmünster, das Wahrzeichen der Stadt, oder die Kirche St. Peter mit dem größten Zifferblatt Europas. Auch der Zoo

Möblierte Einkaufsmeile: Max Bills begehbare Skulptur an der Bahnhofstrasse

mit seiner Masoala-Halle, einem gigantischen Regenwaldreservat, ist einen Besuch wert. Moderne Architektur boomt in den zum Teil umgenutzten Industriequartieren Zürich-West und Zürich-Nord. Und was es wirklich mit der viel gerühmten Schweizer Uhrenindustrie auf sich hat, sieht man auf einem Schaufensterbummel entlang der Bahnhofstrasse.

Limmat, Zürichsee und Alpengipfel

Zürich ist überschaubar. Die Stadt liegt am nördlichen Ende des Zürichsees zwischen zwei Hügelketten. Die Limmat fließt aus dem See mitten durch die Stadt und vereint sich am Platzspitz hinter dem Landesmuseum mit der Sihl, die aus einem Seitental kommt. Der einstige Wehrgraben, der Schanzengraben, verläuft im Zickzack vom See bis zum Hauptbahnhof. Ein lauschiger Spazierweg führt am Kanal entlang. So kann man sich immer an fließendem Wasser oder an Hügeln orientieren. Ein dicht ausgebautes Straßenbahnsystem bringt einen bequem von einem Punkt zum andern. Abends lockt ein vielfältiges Gastronomie- und Unterhaltungsangebot, das allerdings seinen Preis hat. Taxifahrten, Eintritte, Essen und Getränke sind meist markant teurer als anderswo. Deshalb liegt Zürich auch auf der Mercer-Rangliste der teuersten Städte der Welt immer weit vorn. Günstig ist nur das Nach-Hause-Kommen. Ein gutes Netz von Nachtbussen wartet auf nächtliche Ausflügler. Dank der hippen Club- und Loungeszene in den neuen Stadtvierteln sowie der jährlichen Streetparade gilt Zürich für viele als Europas Partystadt schlechthin. Seit die Gastwirtschaftsgesetze Ende der 1990er-Jahre gelockert wurden, ist eine junge, stetig wechselnde Gastroszene mit Restaurants, Bars und Clubs entstanden.

Zürich ist eine Ganzjahresdestination. Der lang anhaltende Hochnebel schlägt im Winter zwar manchem aufs Gemüt, doch mit dem Uetliberg, dem 871 m hohen Zürcher Hausberg, liegt der nächste Strahl Sonne für Müßiggänger nicht allzu weit weg. „Uetliberg hell" vermelden dann die Anzeigetafeln auf den Frontseiten der Trams. In schneereichen Wintern zieht die Schlittelbahn vom Uetliberg hinunter in die Stadt Jung und Alt in Scharen an. Im Sommer herrscht in Zürich oft Föhn: Der warme, trockene, von den Alpen kommende Fallwind sorgt dann für eine fast unwirklich scheinende Fernsicht. Vor allem vom Seebecken aus sieht man dann die fernen, schneebedeckten Berggipfel zum Greifen nah in der Sonne glitzern.

Zürich genießt auch als Bildungsstadt einen guten internationalen Ruf. Die Universität zählt über 20 000 Studierende. Dazu kommen rund 12 000 an der Eidgenössischen Technischen Hochschule ETH; über die Hälfte davon kommt aus dem Ausland, um von der Fachkompetenz der ETH zu profitieren. Denn die Hochschule hat bis heute nicht weniger als 21 Nobelpreisträger hervorgebracht, darunter Wilhelm Konrad Röntgen und Albert Einstein. Die jüngste Auszeichnung erhielt 2002 der Biophysiker Kurt Wüthrich. Zudem genießt Zürich als Kongressstadt einen guten Ruf. Den Besuchern stehen in 163 Hotelbetrieben annähernd 18 000 Betten zur Verfügung, der Flughafen liegt nur 11 km von der Stadt entfernt, in Kloten.

Die Zünfte haben die Stadt geprägt und Spuren hinterlassen

Die verkehrsgünstige Lage spielte schon immer eine wichtige Rolle. Ab 3000 v. Chr. siedelten Pfahlbauer am unteren Ende des schiffbaren Sees. Um 15 v. Chr. errichteten die Römer auf dem Lindenhof die Zollstation Turicum. Die Siedlung wurde 929 erstmals urkundlich erwähnt. Die an Stelle der Zollstation erbaute Pfalz nutzten deutsche Könige und Kaiser. 1218 wurde Zürich freie Reichsstadt, die Pfalz wurde geschleift und als Steinbruch für den Bau von Wohntürmen verwendet. An der Napfgasse 26 und am Grimmenturm am Neumarkt (Kirchgasse 23) sind diese Steine noch zu sehen. 1336 übernahmen unter der Führung von Rudolf Brun die Handwerker die Macht. In Zünften organisiert, bestimmten sie 500 Jahre lang das politische Leben der Stadt. Die Zunfthäuser prägen noch heute als zumeist noble Restaurants die Altstadt, und im April markiert das Sechseläuten mit dem Umzug der Zünfte in historischen Kostümen und der Verbrennung des Schneemanns am Bellevue den Frühlingsbeginn.

Wachsende Bedeutung gewann Zürich Ende des 15. Jhs. unter Bürgermeister Hans Waldmann, der sich in den Burgunderkriegen als Truppenführer einen Namen gemacht hatte. 1519 predigte der Reformator Huldrych Zwingli erstmals im Grossmünster und löste nicht nur in Religionsfragen, sondern auch auf politischer und moralischer Ebene Erdbeben aus. Um 1780 hatte Zürich 10 000 Einwohner. Im 19. Jh. wuchs die Stadt dank florierender Maschinen- und Textilindustrie, dank der Banken und Versicherungen sowie eines regen Tourismus zu einem der Verkehrs- und Wirtschaftszentren der Schweiz heran. 1848 wurde der Schweizerische Bundesstaat gegründet. Im Zuge der deutschen Revolution zogen viele Künstler und Denker als Flüchtlinge nach Zürich und hinterließen der Stadt ein reiches kulturelles und geistiges Erbe. Das Heer der Industriearbeiter verhalf Zürich Ende der 1920er-Jahre zu einer politisch „roten" Phase. Sie dauerte bis 1949 und schlug sich in immer noch präsenten Genossenschaftssiedlungen nieder. 1943 wurde Ernst Nobs, der Stadtpräsident von Zürich, zum ersten sozialdemokratischen Bundesrat der schweizerischen Geschichte gewählt.

In der Hochkonjunktur der 1950er-Jahre wuchs die Stadtbevölkerung rasant an und erreichte 1962 mit über 440 000 Einwohnern einen Höhepunkt. Mit der Größe kamen auch die großstädtischen Probleme: Krawalle, mit denen die Jugend Platz für ihre alternative Kultur einforderte – 1968 und 1980 – und eine Verwahrlosung einzelner Plätze durch die von der Regierung lange tolerierte offene Drogenszene. Der Platzspitz, die Parkanlage hinter dem Landesmuseum, erlangte Anfang der 90er-Jahre als „Needlepark" unrühmliche Bekanntheit. Nach seiner Räumung 1992 verlagerte sich die Szene zum Areal des ehemaligen Bahnhofs Letten, bis dieser 1995 ebenfalls geräumt wurde. Heute wird der Platzspitz mit seinen alten Bäumen und

Mit seinen zahllosen Restaurants und Straßencafés ist Zürich ein gastliches Pflaster

dem Spazierweg am Limmatufer nicht nur von Museumsbesuchern geschätzt, und das Lettenareal gehört zur trendigsten Badeanlage der Stadt.

Die Wohnbevölkerung hat sich in die Peripherie verlagert und ist in der Stadt unter 400 000 gesunken. Dafür strömen über das gut ausgebaute Schienennetz jeden Tag Abertausende von Pendlern in die Stadt. Die alternative Kultur ist in der *Roten Fabrik* zu einer festen und auch von nicht-alternativem Publikum sehr geschätzten Institution geworden. Durch die Umwandlung ehemaliger Fabrikareale in Zürich-West, Oerlikon und an der Sihl wurden neue urbane Lebens- und Freizeiträumen geschaffen. Die umweltfreundliche Verkehrspolitik hat dafür gesorgt, dass Zürich eine überaus fußgängerfreundliche Stadt ist. Mit den vielen Fußgängerzonen und dem absoluten Vorrang von Fußgängern und öffentlichen Verkehrsmitteln an den Kreuzungen hat sich die Stadt schon dem Verdacht ausgesetzt, den Autoverkehr abschaffen zu wollen. Zürich besitzt bis heute keine breiten Boulevards und nur wenige Hochhäuser und hat sich deshalb vielerorts den – je nach Blickwinkel – biederen oder charmanten Kleinstadtcharakter bewahrt. In den neuen Stadtvierteln Zürich-West und Zürich-Nord bilden jedoch umgenutzte Industriebauten eine überraschende Kulisse für urbanes, freches und oft lautes Leben. Vielleicht ist es gerade dieser Mix, der die kleine Weltstadt so unwiderstehlich macht.

IM TREND

1 Retrobikes

Fahrradtrend Echte Überzeugungstäter setzen sich nicht auf irgendein Fahrrad. Es sollte ein Rennmodell aus den 70er- und 80er-Jahren sein. Über die Velo-Börsen von *Pro Velo* kommen Sie an so ein Kultbike ran (*Termine unter www.provelozuerich.ch*). Die brauchen jedoch etwas Pflege. Bei *Fahrradbau Stolz* werden die Räder wieder fit gemacht (*Hofwiesenstr. 200, Foto*). Mit etwas Glück werden Sie in der *Velorei* fündig. Postbikes oder Bäckervelos werden hier restauriert und verkauft (*Predigergasse 20*).

Interdisziplinär 2

Digital Zürichs Kreative nutzen moderne Technik. Pius Portmann (*www.piusportmann.ch*) arbeitet weniger mit Pinsel und Tusche als mit Licht. Seine Arbeit zeigt er unter anderem beim *tweakfest*, der Plattform für digitale Künstler (*www.tweakfest.ch, Foto*). Im *Walcheturm* kommen Filmemacher, Autoren und Musiker für gemeinsame Digi-Projekte zusammen (*Kanonengasse 20*). Klangkünstler schätzen vor allem die *Alte Börse* – wegen der Akustik (*Bleicherweg 5*).

3 Wellness-Events

Spa-Trends Meditative Klimpermusik war den Zürcher Spas nicht genug. Sie setzen auf Programm. So gibts im *Asia Spa* Themenabende wie die „Nacht der Lichter" (*Kalandargasse 1*). In der *Schminkbar* wird nicht nur verschönert und entspannt, sondern auch geratscht und Kaffee getrunken. Maskenbildnerin Bea Petri vereint Café und Beautysalon unter einem Dach (*Beatengasse 9, Foto*). Ungewöhnlich ist das Angebot von Matthias Bretscher. Bei einer Hängemassage massiert er Sie mit den Füßen. Was seltsam klingt, ist tatsächlich sehr angenehm (*Bodyworks Naturheilpraxis, Rennweg 22*).

Rundum grün

4

Öko-Service Spätestens der – CO_2-neutrale – Bau der *Umweltarena* am Spreitenbach hat gezeigt, wo Zürich ökologisch steht. Das Informationszentrum für nachhaltige Produkte und Dienstleistungen soll den grünen Lebensstil noch einfacher machen *(www.umweltarena.ch, Foto)*. Dabei ist die Stadt da ohnehin schon weit: *Züriwerk* entsorgt Wertstoffe und Sondermüll per E-Bike oder bringt Shoppern ihre Einkäufe nach Hause *(z.B. Sihlcity, Kalanderplatz 1, bringts.zueriwerk.ch)*. Auch die sogenannten Ökotaxis sind immer stärker auf den Straßen vertreten. Zürichs größtes Taxiunternehmen *Taxi 444* hat bereits 60 Öko-Taxis im Einsatz. Die Autos mit Hybridmotoren fahren mit Ökostrom und Benzin *(www.taxi444.ch)*. Dass man Sights jetzt auch per Segway erkunden kann, verdanken Sie einem Studenten, der *Zürich Tourismus* mit seinem Business-Plan überzeugt hat – allerdings ist es kein ganz günstiges Vergnügen *(www.zuerich.com)*.

Modemeile

5

Langstrassenquartier Bunt und vielfältig wie das gesamte Viertel ist auch die Mode aus dem Langstrassenquartier. Kreative Modemacher wie Anne Martine Perriard haben hier ihre Laden-Ateliers geöffnet *(Heinrichstr. 177, www.annemartineperriard.ch, Foto)*. Nicht nur der Kaffee, sondern auch die im Regal aufgereihten Schuhe treiben den Puls im *Schuhcafé* in die Höhe *(Badenerstr. 89)*. Erfrischungen gibt es auch im *The Gloss*. Die Konzentration auf Limo und Co fällt bei dem Sortiment jedoch denkbar schwer. Coole Urbanwear und dazu noch ein DJ an den Decks vernebeln die Sinne *(Hardstr. 312, www.thegloss.ch)*.

STICHWORTE

BANKEN

Die Gründung der Zürcher Börse legte 1877 den Grundstein für den Aufstieg der Stadt zur Finanz-, Wirtschafts- und Handelsmetropole. Die Börse ist mit einem Jahresumsatz von fast einer Milliarde US-Dollar die sechstgrößte in Europa und die zehntgrößte der Welt. Zürich bietet heute rund 360 000 Arbeitsplätze, wovon 80 Prozent auf den Dienstleistungssektor entfallen. Zürich ist schweizweit gesehen die Stadt der Banken und Versicherungen und nimmt als solche auch weltweit eine einzigartige Stellung ein. Denn der Finanzplatz Schweiz hat sich auf den Handel mit Privatvermögen spezialisiert, und in diesem Bereich kontrollieren die hiesigen Banken 80 Prozent des europäischen und 35 bis 45 Prozent des weltweiten Handels. Das bedeutet, dass fast die Hälfte aller privaten Vermögen in oder über die Schweiz und die Bankenstadt Zürich verwaltet werden. Diese „guten Dienste" der Banken fügen dem Image des Landes aber auch immer wieder Schaden zu. Vor allem in Zusammenhang mit Steuerfluchtgeldern und Erlösen aus dubiosen Geschäften kommen die Geldinstitute in schöner Regelmäßigkeit immer wieder mal in die Schlagzeilen.

DADA

Im Febuar 1916 gründeten die Pazifisten Hugo Ball, Emmy Hennings, Hans Arp, Sophie Taeuber, Marcel Janco und Tristan Tzara die Künstlerkneipe *Cabaret Voltaire* an der Spiegelgasse 1 im Nie-

Bild: Das Gebäude der Zürcher Börse

Von provinzieller Enge keine Spur: Die Wirtschaft und die Kultur, aber auch die Probleme Zürichs haben großstädtischen Zuschnitt

derdorf. Später stieß noch der Berliner Medizinstudent Richard Huelsenbeck dazu. Die Bewegung, die radikal mit den gängigen Kunst- und Literaturbegriffen brach, breitete sich schnell nach Paris, Berlin, Hannover, Köln, Spanien und New York aus. Der Wahnsinn der Zeit führte zu einem immer rigoroseren Auftreten mit wilden Gebärden, hämmernder Musik, einer zersäbelten Sprache, unkonventionellen Bildern und Collagen. Nach nur fünf Monaten wurde das *Voltaire* damals schon wieder geschlossen, doch Dada war geboren. Heute ist das *Cabaret Voltaire* wieder geöffnet: Nach langem Tauziehen um die Nutzung des Hauses wurde 2004 mit finanzieller Hilfe der Uhrenfirma Swatch ein künstlerisches Begegnungszentrum eingerichtet. Das *Cabaret Voltaire* besteht aus einem Ausstellungsraum, einer Bibliothek, einer Veranstaltungsbühne, einem Shop und einer Cafébar *(Café Di–Sa 12–24, So 12.30–18.30, Ausstellung Di–Fr und So 12.30–18.30 Uhr | www.cabaretvoltaire.ch | Tram: Neumarkt).*

FLUGHAFEN

Der Schock war groß, als die Swissair, ein schweizerisches Symbol, 2001 zusammenbrach. Den Flughafen Zürich traf dies inmitten großer Ausbaupläne. Inzwischen ist die Nachfolgegesellschaft Swiss International Air Lines, eine Tochter der Lufthansa, erfolgreich und der Flughafen Zürich einer der schönsten und größten in Europa. Ein privatisiertes Unternehmen betreibt ihn im Auftrag des Bundes. Auf den Ranglisten der besten Flughäfen der Welt lag er 2011 auf dem zweiten Platz, zudem wurde er zum besten Umsteigeflughafen Europas gewählt. Der Flughafen ist sehr eng an die Stadt angebunden, seit 2008 sogar mit einem Tram. War früher die Aussichtsterrasse mit dem Blick auf startende und landende Flugzeuge ein beliebtes Ziel für sonntägliche Familienausflüge, so zieht der Flughafen heute auch mit seinem Shoppingcenter, mit Business-Centern und einem schicken Hotel mit Konferenzräumen viele Besucher aus Stadt und Umgebung an. Zürich ist ohne dieses internationale Tor nicht mehr denkbar – daran ändern auch die endlos scheinenden Streitigkeiten über Einflugschneisen und Fluglärm über die Grenzen hinweg nichts.

GAST-ARBEITER

Über 385 000 Einwohner zählt die Stadt Zürich heute. Fast jeder Dritte, d.h. über 30 Prozent stammen aus dem Ausland. Grund dafür sind die Banken und der Dienstleistungssektor im Allgemeinen. 90 Prozent der Arbeitsplätze in der Stadt gehören in diesen Bereich. Insgesamt gibt es in Zürich fast so viele Arbeitsplätze wie Einwohner. Die Stadt bietet damit neun Prozent aller schweizerischen Arbeitsplätze. 40 Prozent aller Schweizer Stellen in Kreditinstituten entfallen auf die Region Zürich. Dafür braucht es viele gut qualifizierte Leute aus dem Ausland, denn Schweizer Fachleute gibt es dafür zu wenig. Viele internationale Firmen haben zudem ihren europäischen Sitz in Zürich und beschäftigen hier Spezialisten aus ihrem Heimatland. Die weitaus größte Ausländergemeinde bilden die Deutschen. Seit Inkrafttreten der bilateralen Verträge zwischen der Schweiz und der EU 2002 lockt Zürich immer mehr Menschen aus dem nördlichen Nachbarland an. Bald 30 000 „Gastarbeiter" sind es inzwischen – damit stammt jeder vierte Ausländer in Zürich aus Deutschland. Die zweitgrößte Ausländergruppe, die allerdings nur noch halb so groß ist, stellt Italien, die drittgrößte Serbien, Montenegro und der Kosovo mit zusammenrund 8000 Personen – Tendenz sinkend. Insgesamt leben Menschen aus 166 Ländern in der Limmatstadt. Mit ausländischen Mitbürgern zu leben ist in Zürich also eine Selbstverständlichkeit. Selbst an deutsche Tramchauffeure hat man sich inzwischen gewöhnt, nur wenn die Deutschen *die* anstatt *das* Tram sagen, schütteln Einheimische den Kopf ...

GRÜNES ZÜRICH

Im Jahr 2008 entschied die Zürcher Bevölkerung in einer Abstimmung mit einem Ja-Stimmenanteil von 78 Prozent, den Energieverbrauch und die CO_2-Emissionen gemäß den Zielen der 2000-Watt-Gesellschaft zu senken. Demnach soll die Stadt in nicht allzu ferner Zukunft nur noch 2000 Watt Energie pro Person und Tag verbrauchen – heute sind es 6000 – und den CO_2-Ausstoß auf eine Tonne pro Person reduzieren. Um dieses ehrgeizige Ziel zu erreichen, wird in vielen Bereichen gearbeitet. Sämtliche Gebäude der Stadt werden auf energietechnische Optimierungen hin untersucht, Erd- und Fernwärmeprojekte werden angeschoben, Alternativen zu fossilen

Energieträgern und zur Atomenergie entwickelt. Unter anderem hat die Stadt fünf Windparks in Deutschland gekauft. Im Alltag ist die ökologische Ausrichtung der Stadt vor allem am Verkehrskonzept sichtbar: Die öffentlichen Verkehrsmittel haben absoluten Vorrang, in der Innenstadt ist der Autoverkehr größtenteils eingeschränkt und die Fahrradfahrer haben trotz der vielerorts beengten Straßenverhältnisse eigene Fahrspuren. Weniger offensichtlich, aber ebenfalls interessant: Die Stadtpolizei trägt seit 2009 Uniformhemden aus Biobaumwolle. Biologisch einzukaufen ist in Zürich generell zu einem Teil der politischen Correctness geworden. Und spätestens seit der Großhändler Coop im großen Stil in die Vermarktung von Kleidung aus biologisch hergestellter Baumwolle eingestiegen ist und dafür die schöne Ex-Miss-Schweiz Melanie Winiger als Aushängeschild gewonnen hat, hat biologische Kleidung ihren alternativen Touch verloren und ist trendy geworden. Was Frau Winiger auf den Werbeplakaten trägt, ist meist innerhalb weniger Tage ausverkauft.

IMMIGRANTENKULTUR

Der Strom von Immigranten während des Ersten und Zweiten Weltkriegs gab dem kulturellen Leben Zürichs großen Auftrieb. Um 1916 gründete der Pazifist Hugo Ball zusammen mit Tristan Tzara, Hans Arp und anderen das *Cabaret Voltaire* an der Spiegelgasse im Niederdorf, wodurch Zürich zum Zentrum des Dadaismus wurde.

Auch Lenin, der in der Schweiz die Russische Revolution sozusagen plante, und Albert Einstein, der der ETH zu bedeutendem Ansehen verhalf, gehörten zeitweise zu den geduldeten Ausländern. Sie übten jedoch keinen direkten kulturellen oder politischen Einfluss auf das Stadtleben aus. Vor und während des Zweiten Weltkriegs, als viele Intellektuelle, Künstler und Schauspieler auf der Flucht vor dem deutschen Nationalsozialismus in Zürich strandeten, erlebte vor allem das Schauspielhaus eine Hochblüte, von deren Glanz es zum Teil heute noch zehrt.

INDUSTRIEKULTUR

Zürichs städtebauliche Entwicklung vollzieht sich in den Industriegebieten. Stillgelegte Fabrikareale bilden den Grundstoff für neues urbanes Leben. Den Anfang machte 1996 die Umnutzung der

Umgenutzte Industriebauten in der Shilcity

Seifenfabrik Steinfels in einen Kinokomplex mit schicken Loftwohnungen. 1999 folgte auf dem Areal einer Textilfabrik die große Wohnsiedlung Limmat-West, 2001 die Verwandlung der Schiffbauhalle in ein Theater-, Konzert- und Gastronomiezentrum. Heute ist Zürich-West der trendigste Stadtteil mit dem dichtesten Angebot an angesagten Bars und Lounges – so dicht, dass die erste Generation der seinerzeit hergezogenen Trendsetter sich schon nach einem ruhigeren Stadtteil umsieht. In Oerlikon ist auf dem Areal der Maschinenfabrik der Stadtteil *Zürich-Nord* mit einem ungewöhnlichen Park und Wohnsiedlungen entstanden, und an der Sihl steht auf dem Gelände der Papierfabrik der Kultur-, Einkaufs- und Hotelkomplex *Sihlcity*.

Renommierte Bildungseinrichtung: die Eidgenössische Technische Hochschule

INNOVATIONSZENTRUM

Spätestens seit Google seinen europäischen Entwicklungsstandort in Zürich eröffnete, hat die Stadt den Ruf eine Innovationsmetropole von Weltrang zu sein. Google schuf neue Maßstäbe, was die Arbeitsplatzgestaltung anbelangt und zieht daher auch viele junge Berufstätige in die Stadt. Aber auch andere Großkonzerne arbeiten in der Entwicklung neuer Technologien eng mit Zürcher Institutionen zusammen. Disney betreibt mit der ETH Zürich das *Disney Research Centre.* Am Zürcher Labor forschen Computerwissenschaftler an neuen Technologien für die Unterhaltungsindustrie – vom 3-D-Kino für zu Hause bis zu neuen Präsentationstechniken in den großen Themenparks. Und immer häufiger interessiert sich ein ausländischer Konzern für einen der sogenannten Spin-Offs der ETH, die auf Basis von Forschungsergebnissen gegründeten und von der Hochschule unterstützten Firmen, die die Umsetzung der Ergebnisse in marktreife Produkte und damit die Schaffung von neuen Arbeitsplätzen vorantreiben, und kauft sich bei diesen ein.

PARTYMETROPOLE

Zürich war lange als lustfeindliche Stadt verschrieen, noch in den Siebzigerjahren des letzten Jahrhunderts hieß es zum Stichwort Nachtleben: den Zug nach Basel oder Genf nehmen. Die Liberalisierung des Gastgewerbegesetzes, mit der 1997 die sogenannte Bedürfnisklausel abgeschafft wurde, begründete die städtische Entwicklung hin zur Partymetropole: Neue Restaurants, Bars und Clubs schossen wie Pilze aus dem Boden. Viele gingen zwar auch schnell wieder ein, wurden aber stets durch neue ersetzt. Bis heute ist die Gastroszene teilweise sehr kurzlebig, aber auch sehr lebendig. Und da rund 500 Betriebe eine dauerhafte Ausnahmebewilligung zur Sperrstunde haben und auch zwischen Mitternacht und fünf Uhr geöffnet bleiben können, ist in der Stadt rund um die Uhr etwas los. Die öffentlichen Verkehrsbetriebe haben sich der 24-Stunden-Gesellschaft angepasst: Am Wochenende fahren neun S-Bahnlinien und 50 Busse zwischen 1 und 4 Uhr nachts bis weit über die Kantonsgrenzen hinaus in alle Richtungen, um Partygänger sicher nach Hause zu bringen. Und Abertausende von jungen Leuten aus den Vorstädten fahren jedes Wochenende nach Zürich, um in der Stadt mit der größten Dichte an Nachtlokalen abzufeiern.

ZWINGLI

Zürich heißt auch Zwingli-Stadt, benannt nach dem Reformator Ulrich (Huldrych) Zwingli (1484–1531), der hier im 16. Jh. wirkte. Gleichzeitig mit Luther bemühte sich Zwingli um die Reformation der Kirche, aber radikaler als der Deutsche. 1519 wurde Zwingli Priester am Zürcher Grossmünster, wo er kompromisslos gegen alles vorging, was sich nicht aus der Bibel ableiten ließ: Bilder wurden abgenommen, Gesang und Orgelspiel abgeschafft, der Kirchenraum von jeglichem Schmuck gesäubert. Da sich Zwingli auch als Politiker mit großem Einfluss betätigte, zeitigten seine Lehren weitreichende Wirkung. Mit dem zwinglianischen Geist ist das Strenge gemeint, das Zürich lange Zeit anhaftete und sich z. B. in einer strengen Bewilligungspolitik für Bauvorhaben oder Gastronomiebetriebe äußerte. Auch das „Tanzverbot" war lange Zeuge dieses Geistes. Heute ist das Verbot abgeschafft, und Diskos und Clubs dürfen auch an hohen Feiertagen geöffnet haben. *Zwinglianisch* blieb aber als Schimpfwort für „engstirnig" erhalten.

ENTSPANNEN & GENIESSEN

In den Gewölben der ehemaligen Bierbrauerei liegt Zürichs einzigartiges ● *Thermalbad* mit einem irisch-römischen Bad, diversen Saunen und einem Freibad auf dem Dach, von wo man nachts einen herrlichen Blick auf die Lichter der Stadt hat. *Tgl. 9–22 Uhr, Di im irisch-römischen Bereich nur für Frauen | Eintritt 32 CHF, mit römisch-irischem Bad und Ganzkörperpackung 75 CHF | Brandschenkestr. 150 | Tel 044 205 96 50 | www.thermalbad-zuerich.ch | Tram 5, 7, 13: Bahnhof Enge*

Ein kürzeres, aber umso intensiveres Erlebnis ist das ● Floaten: Die Technik wurde bei der NASA für die Erholung von Astronauten entwickelt: Man treibt auf hochprozentigem, warmem Solewasser und fällt so in die Thetaphase, die zweite Schlaftiefe. Zwei Floatings sollen den Erholungswert von einer Woche Strandferien haben. *Float Zürich | tgl. 10–22 Uhr | ab 85 CHF | Röschibachstr. 71 | Tel 044 201 34 40 | www.float-schweiz.ch | S-Bahn 2, 8, 14: Bahnhof Wipkingen, Tram 4, 13: Escher-Wyss-Platz*

DER PERFEKTE TAG

Zürich in 24 Stunden

08:30 WACHMACHER AM BELLEVUE

Den ersten Espresso trinkt man am besten im *Odéon* am ***Bellevue*** **→ S. 28, S. 80**. Das Jugendstilcafé ist zwar nur noch halb so groß wie zu der Zeit, als Lenin hier noch saß, liegt aber strategisch gut – im Schnittpunkt von See, City und Altstadt. Vor allem die Tische im Freien bieten schöne Logenplätze.

09:15 ZÜRICHS KIRCHEN

Dann folgen Sie der Strömung des Flusses über den Hechtplatz das ***Limmatquai*** **→ S. 32** hinunter. Die ***Wasserkirche*** **→ S. 35** mit der Krypta lohnt einen Besuch, und direkt gegenüber, am anderen Flussufer, steht das ***Fraumünster*** **→ S. 39** mit den berühmten Fenstern von Marc Chagall. Zurück am rechten Ufer steigen Sie die Treppen hoch zum ***Grossmünster*** **→ S. 29** (Foto li.), der Wirkungsstätte Zwinglis und einem Wahrzeichen der Stadt. Wer genug Puste hat, erklimmt hier die Stufen des Kirchturms. Die Mühe lohnt – von hier oben genießen Sie einen phantastischen Blick über die Stadt.

11:30 GESCHICHTE UND DESIGN

Von der Haltestelle Helmhaus fährt das Tram Nr. 4 in Richtung Werdhölzli über Limmatquai und Hauptbahnhof ins Trendviertel, das Industriequartier. Je nach Präferenz sollte man einen Zwischenstopp am Hauptbahnhof/Bahnhofquai einlegen und dem ***Landesmuseum*** **→ S. 42** einen Besuch abstatten. Hier ist die Geschichte der Schweiz von den Anfängen bis zur Gegenwart anschaulich dargestellt. Zwei Tramhaltestellen weiter lockt das ***Museum für Gestaltung*** **→ S. 51** Design-Interessierte an. Das wichtigste Museum der Schweiz in dieser Sparte zeigt neben umfangreichen Sammlungen zu Design, Plakatkunst und Kunstgewerbe immer auch aktuelle, hochinteressante Wechselausstellungen.

13:30 SHOPPING-TRENDS

Weiter geht's mit der Tram 4 bis zur Haltestelle Quellenstraße: Hier bildet die große Markthalle mit einem Restaurant – ein kleine Zwischenmahlzeit wäre jetzt allemal angebracht – den Eingang zu Zürichs jüngster Shoppingmeile, dem ***Viadukt*** **→ S. 73**. In den Bögen des Bahnviadukts haben sich vornehmlich junge Unternehmen und Kreative eingemietet, es gibt viel De-

sign und Mode, aber auch – am anderen Ende des Viadukts – den weitaus besten Secondhand-Laden der ***Caritas*** → S. 75. Neben dem Viadukt thront der Flagship Store der *Gebrüder Freitag* (Foto li. Seite, re. u.). In den neun aufeinandergestapelten Bahncontainern können Sie bis auf die Dachterrasse hinaufsteigen, die einen Rundblick über das Industriequartier und auf den benachbarten ***Prime Tower*** → S. 52, das aktuell höchste Gebäude der Schweiz, bietet. Im ***Acanto*** → S. 66, als Restaurant, Gelateria, Bar und Disko einer der Fast-rund-um-die-Uhr-Betriebe, genießen Sie ein Eis, bevor Sie vom Bahnhof Hardbrücke mit der S-Bahn zum Hauptbahnhof zurück fahren.

16:00 GELD UND KOMMERZ

Nun steht ein Bummel über die berühmte ***Bahnhofstrasse*** → S. 36 und durch deren Seitengässchen auf dem Programm. Die weltbekannte Zürcher Einkaufsstraße ist vornehmlich mit Läden bestückt, die nicht eben für Schnäppchen bekannt sind, aber Schauen kostet ja nichts. Die ***Jules-Verne-Bar*** → S. 79 an der Urania bietet sich für einen Zwischenhalt mit Rundsicht an. Bei der Confiserie ***Sprüngli*** → S. 72 am Paradeplatz, wo auch die Schweizer Großbanken ihre Hauptsitze haben, gibt's die berühmtesten süßen Mitbringsel, und wer auf hochwertiges Kunsthandwerk steht, stattet dem ***Schweizer Heimatwerk*** → S. 72 (Foto o.) vor dem Bürkliplatz einen Besuch ab.

19:30 NACH DEM ESSEN INS DÖRFLI

Zum Abendessen, das Sie sich jetzt redlich verdient haben, stehen je nach Geschmack der urchige ***Zeughauskeller*** → S. 66, das moderne ***Rosaly's*** → S. 65 am Bellevue oder aber auch das mondäne ***Terrasse*** → S. 67 zur Wahl. Gut verpflegt geht es dann zur Nacht ins „Dörfli", das Ober- und Niederdorf, das älteste und stimmungsvollste Ausgehquartier der Stadt. Schlendern Sie einfach durch die Gassen, und lassen Sie sich nieder, wo es Ihnen gefällt.

Anfahrt zum Startpunkt: Tram Nr. 4
Haltestelle: Bellevue
Tageskarte Nahverkehr: 8 CHF

SEHENSWERTES

WOHIN ZUERST?
Bahnhofbrücke (115 D2)
(🕮 J4): Die Brücke am Hauptbahnhof bietet einen ersten guten Überblick über die Stadt. Vom Bahnhof aus ist die kurze Strecke selbst mit einem Koffer gut zu bewältigen und auch vom nächsen Parkhaus am Sihlquai ist es nur ein Spaziergang um den Kopfbahnhof. Von der Brücke aus sieht man die beiden Ufer der Altstadt, hoch zum Universitätsquartier, hinter dem Bahnhof das Landesmuseum und je nach Weg, den man nimmt, auch schon den Eingang zur berühmten Bahnhofstrasse.

Zürich zu entdecken ist angenehm: Die Stadt ist im Vergleich zu anderen europäischen Metropolen überschaubar, ihr Zentrum kann durchweg zu Fuß erkundet werden. Der zweite Grund ist die wunderbare Lage am Seebecken.

Am Ufer der Limmat oder des Sees entlangzubummeln oder von der Höhe auf die Stadt hinunterzuschauen wäre auch ohne all die Sehenswürdigkeiten ein Genuss. In Zürich gibt es über 40 Museen. Fast alle entstanden erst im letzten Jahrhundert, denn große Teile des beweglichen Kulturguts aus Kirchen und anderen Baudenkmälern waren den reformatorischen Bilderstürmen im 15. und 16. Jh. zum Opfer gefallen. Erst gegen Mitte des 19. Jhs. begann das künstlerische Leben unter dem Einfluss politischer Flüchtlin-

Bild: Centre Le Corbusier am Zürichhorn

Geschichtsträchtige Bauten, ein vielfältiges Kulturleben und die besondere Lage machen Zürich zur wunderbaren kleinen Großstadt

ge aus Russland und Deutschland wieder aufzublühen. Eine wichtige Kunstströmung ging in den 1930er-Jahren von der Kunstgewerbeschule, heute Hochschule der Künste, aus. Leute wie Johannes Itten, Max Bill und Richard P. Lohse schufen hier Grafik von Weltrang und begründeten die Schule der Konkreten Malerei, die schulbildend wirkte.

Wunderbar geeignet für einen ersten Eindruck ist ● eine Fahrt mit dem Tram Nr. 4 vom See über Limmatquai und Hauptbahnhof bis ins Trendviertel Kreis 5.

ZENTRUM RECHTS DER LIMMAT

Die Altstadt ist das Herz der Stadt. In den verwinkelten Gassen zwischen den Kirchen und Zunfthäusern pulsiert vor allem rechts der Limmat das Leben.

Tagsüber locken Kleingewerbe und zahllose Boutiquen Kundschaft an, abends

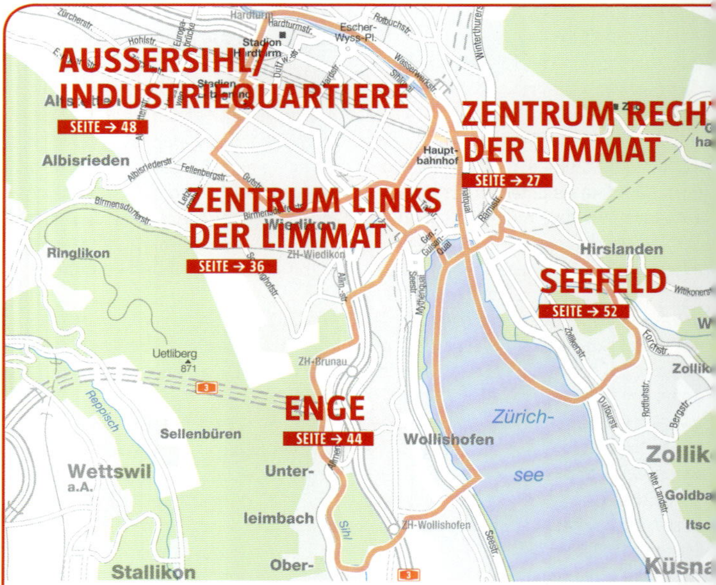

Die Karte zeigt die Einteilung der interessantesten Stadtviertel. Bei jedem Viertel finden Sie eine Detailkarte, in der alle beschriebenen Sehenswürdigkeiten mit einer Nummer verzeichnet sind

flaniert man an den vielen Restaurants, Bars und Cafés vorbei – das ganze Viertel inklusive Limmatquai ist autofreie Zone. „Dörfli" nennen die Einheimischen liebevoll das Quartier, das sich aus dem ruhigeren Oberdorf und dem quirligen Niederdorf mit viel Nachtleben zusammensetzt. Am Rande des Zentrums liegen die großen Gebäude der Kulturinstitute, das Kunsthaus, die Zentralbibliothek sowie die Universität und die Eidgenössische Technische Hochschule ETH.

1 BAHNHOF STADELHOFEN (115 F6) (K6)

Der spanische Architekt Santiago Calatrava schuf mit dem Ausbau des Bahnhofs ein aufsehenerregendes Bauwerk. Es zeichnet sich aus durch bogenförmig-geschwungene Elemente, die sich vom größten Deckenträger bis ins kleinste Geländerdetail fortsetzen. Unter den Gleisen entstand in einem kathedralenähnlichen Spannbetongewölbe eine *Ladenpassage.* Ein Besuch empfiehlt sich, wenn man nicht zum Zug hetzen muss. *Tram 11,15: Stadelhofen, 2, 4: Opernhaus*

2 BELLEVUE (115 E6) (J6)

Als rechtsufriger Kopf der ● Quaibrücke, von der aus man den besten Blick auf Stadt, See und Berge hat, gehört der Bellevueplatz dem Verkehr. Nahebei sind das Literatencafé *Odéon* und die berühmte *Kronenhalle.* Auf der angrenzenden *Sechseläutenwiese* gastiert der Zirkus Knie, und am „Sechseläuten" wird der „Böögg" verbrannt *(s. Feste, Events & mehr).*

3 GROSSMÜNSTER ★
(115 E5) (*J5–6*)

Das Wahrzeichen Zürichs beherrscht mit der mächtigen Doppelturmfassade den oberen Limmatraum. Der Legende nach stiftete Karl der Große eine erste Kirche da, wo die Stadtheiligen Felix und Regula, nachdem sie unten an der Limmat enthauptet wurden, mit dem Kopf unter dem Arm noch hingewandert sein sollen. Ein steinernes Andenken an den Stifter ist in einer Nische des Südturms untergebracht. Zur Zeit der Reformation war das Grossmünster die Wirkungsstätte Zwinglis, auf den auch die Kargheit im Inneren der Kirche zurückzuführen ist. Die frühesten Teile stammen aus dem späten 11. Jh., zeigen also romanische Züge wie die rein romanische Krypta oder der großartige Kreuzgang. Als einziges der sieben Klöster innerhalb der damaligen Stadtmauer fiel das Grossmünsterkloster nicht reformatorischem Eifer zum Opfer, sondern wurde zur theologischen Schule. Die lange Bauzeit des monumentalen Sakralbaus ist an den Türmen abzusehen, deren Stil sich von unten nach oben verändert: romanisch bis zur Firsthöhe, gotisch bis zur Galerie, abgeschlossen auf Betreiben des damaligen Bürgermeisters Hans Waldmann mit hohen Spitzhelmen, die nach einem Turmbrand und längerer Diskussion Ende des 18. Jhs. durch neogotische Hauben ersetzt und vom Schriftsteller Victor Hugo als „hässliche Pfefferbüchsen" bezeichnet wurden. **INSIDER TIPP** Die Türme können bestiegen werden. *März–Okt. tgl. 9–18, Nov.–Feb. 10–17 Uhr | Tram 4, 15: Helmhaus*

4 HELMHAUS (115 D5) (*J6*)

Wie das Rathaus stand auch das Helmhaus zusammen mit der angebauten Wasserkirche auf einer Insel in der Limmat. Die offene Halle des Helmhauses, dessen Name von helmen (schützen) herrührt, war der rechtsufrige Brückenkopf der „Oberen Brugg", der auch als Gerichtsort und Leinwandmarkt diente. Im Gebäude aus der Epoche des spätba-

MARCO POLO HIGHLIGHTS

★ Grossmünster
Die Kirche an der Limmat wurde Zürichs Wahrzeichen → S. 29

★ Kunsthaus
Meditieren mit Monets Seerosenbildern → S. 30

★ Neumarkt/Rindermarkt
Idyllischer Teil des Niederdorfs → S. 33

★ Bahnhofstrasse
Einkaufsstraße mit Weltformat → S. 36

★ Fraumünster
Die Glasmalereien Marc Chagalls gehören auf jeden fall ins Pflichtprogramm → S. 39

★ Haus Konstruktiv
Am Geburtsort des Konstruktivismus ein Muss für jeden Zürich-Besucher → S. 40

★ Städtische Sukkulentensammlung
Mit 25 000 Exemplaren die weltweit größte Sammlung ihrer Art → S. 47

★ Museum für Gestaltung
Mehr als 200 000 Plakate, hervorragende Design-Ausstellungen → S. 51

★ Schiffbau
Umgenutzte Industriearchitektur im Kreis 5, die Maßstäbe setzt → S. 52

★ Zoo
Schön auf dem Zürichberg gelegen, mit toller Masoala-Regenwaldhalle → S. 57

rocken Klassizismus Ende des 18. Jhs. ist heute eine städtische Galerie für Schweizer Kunst einquartiert. *Limmatquai 31 | Tram 4, 15: Helmhaus*

5 HIRSCHENPLATZ (115 E4) (*K5*)

Mitten im Niederdorf tut sich sozusagen als Herz des Vergnügungsviertels der autofreie Hirschenplatz auf, umgeben von Kneipen, Boutiquen, Kinos. Lassen Sie sich an einem warmen Abend von den vielen Menschen mitziehen, die auf der den Hirschenplatz überquerenden Niederdorfstrasse auf und ab flanieren, und nehmen Sie teil am Openairschauspiel der Gaukler und Straßenmusikanten.

6 KUNSTHAUS ★ ●
(115 E–F5) (*K5–6*)

Das 1910 eröffnete Kunsthaus erfreut sich dank einer Reihe hervorragender Ausstellungen zeitgenössischer Kunst eines sehr guten internationalen Rufes. Es beherbergt derart viele Kunstschätze, dass man ziemlich genau wissen muss, was man sehen will, und sich am besten für eine der verschiedenen Sammlungen entscheidet: Alte Meister gehören mit mittelalterlicher Plastik und Tafelmalerei sowie Gemälden des niederländischen und italienischen Barock zum Kunsthaus-Schatz. Schweizer Kunst des 18. und 19. Jhs. ist zu sehen, und die „Zürcher Konkreten" des 20. Jhs. sind mit Bill, Lohse, Glarner, Graeser und Loewensberg vertreten. Mit gut hundert Werken Ferdinand Hodlers kann das Kunsthaus auftrumpfen, ein Bestand, der eigentlich für ein separates Hodler-Museum ausreichte. Die Kunst des 20. Jhs. dominieren aber Werke von Vallotton, Amiet oder den Vettern Augusto und Giovanni Giacometti. Die Internationale Moderne seit dem Impressionismus wird von wichtigen Werkgruppen von Monet, der Nabis-Gruppe, Munch über Kokoschka, Picasso, Chagall bis Rodin und Giacometti repräsentiert. Ein Seerosentriptychon Monets im „Seerosensaal" ist allein den Besuch wert.

Kunst liegt in der Luft: Straßencafé vor dem Kunsthaus

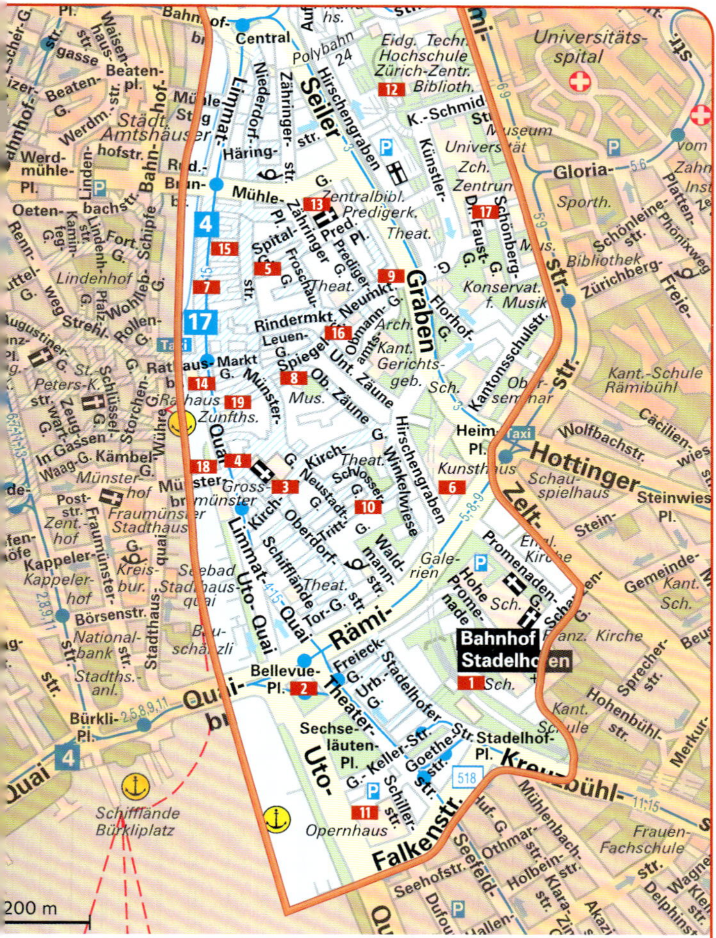

SEHENSWERTES IM ZENTRUM RECHTS DER LIMMAT

Fußgängerzone

- **1** Bahnhof Stadelhofen
- **2** Bellevue
- **3** Grossmünster
- **4** Helmhaus
- **5** Hirschenplatz
- **6** Kunsthaus
- **7** Limmatquai
- **8** Napfplatz
- **9** Neumarkt/Rindermarkt
- **10** Oberdorf
- **11** Opernhaus
- **12** Polyterrasse
- **13** Predigerkirche
- **14** Rathaus
- **15** Rosenhof
- **16** Spiegelgasse
- **17** Thomas-Mann-Archiv
- **18** Wasserkirche
- **19** Zunfthaus zum Rüden

Das *Graphische Kabinett* beherbergt ein bedeutendes Dada-Archiv, und durch die Stiftung für Fotografie erhält man einen guten Einblick in das Schaffen inländischer Fotografen wie Bischof, Staub oder Burri. Führungen siehe Tagespresse. Sonderführungen nach Vereinbarung. *Sa/So, Di 10–18, Mi–Fr 10–20 Uhr, Mo geschl. | Eintritt 18 CHF | Heimplatz 1 | Tel. 044 253 84 84 | www.kunsthaus.ch | Tram/Bus: Kunsthaus*

7 LIMMATQUAI

(115 D–E 3–5) (*J5–6*)

Ursprünglich stand die unterste Häuserzeile des Niederdorfs direkt an der Limmat. Gestiegene Verkehrsbedürfnisse waren die Ursache für den Ausbau der Uferstraße als Einkaufsstraße. Bis 1949 standen diverse Häuser – alte Handwerksbetriebe, Korn-, Pulver- und Papiermühlen – an und sogar in der Limmat. Heute zeugen noch die eindrucksvollen Zunfthäuser von der einstigen Bedeutung des Handwerks für die Stadt. Um vom Bahnhof aus die neue Einkaufsstraße schon erblicken zu können, wurden die interessanten Bauten im Fluss zum Teil leider abgerissen. Einzig das Rathaus, das Helmhaus und die Wasserkirche blieben verschont.

8 INSIDER TIPP NAPFPLATZ

(115 E4) (*J5*)

Enge Gassen führen zu diesem autofreien Plätzchen, das einen guten Eindruck davon vermittelt, wie Zürich im Mittelalter gestaltet war. Beherrscht wird der Platz vom *Brunnenturm*, einem mittelalterlichen Wohnturm von stattlicher Höhe, der im 19. Jh. als Armenschule diente, die auch der Zürcher Schriftsteller Gottfried

BÜCHER & FILME

▶ **Fremde Hände** – Der Roman von Petra Ivanov spielt im Zürcher Rotlichtmilieu und vermittelt viel Lokalkolorit.

▶ **Zürich bei Nacht** – Der Krimi des bekannten Zürcher Autors Roger Graf ist nicht nur spannend und unterhaltsam, sondern zeigt auch einen Ausschnitt aus der jüngeren Geschichte der Stadt.

▶ **Business Class** – Die gesammelten Kolumnen des Schriftstellers Martin Suter sowie seine Romane *Small World, Die dunkle Seite des Mondes, Lila, Lila* und *Der Koch* bieten einen ironischen Blick auf den Charakter der Zürcher.

▶ **Zürich by Mike** – Mehr als zehn Jahre lang näherte sich auch der Comiczeichner Mike van Audenhove in seinen wöchentlichen Bildergeschichten im „Züritipp" mit einem Augenzwinkern den Zürchern an. Insgesamt sind 14 Bände des 2009 früh verstorbenen Comiczeichners erschienen; in Sammelbänden leben die Geschichten weiter.

▶ **Happy New Year** – Preisgekrönter Kinofilm (2008) von Christoph Schaub und mit Nils Althaus über Begegnungen in der Sylvesternacht mit viel Stadtatmosphäre.

▶ **Das Fräulein** – Neuere Stadtansichten zeigt z. B. dieser preisgekrönte Kinofilm von Andrea Staka (2006), der auch die winterliche Schweizer Bergwelt ins Bild rückt.

Keller besuchte. Wie das damals zugegangen sein mag, davon kann man sich auf der Terrasse des *Restaurants Turm* vielleicht ein Bild machen. *Tram 3, 31/ Bus: Neumarkt*

Fast schon italienisches Flair: Straßencafé am Limmatquai

9 NEUMARKT/RINDERMARKT ★ (115 E4) (*🕮 J–K 5*)

Dieser Straßenzug ist ein schöner Einstieg in das Niederdorf und zeichnet sich aus durch eine Vielzahl mittelalterlicher Häuser, die viele kleine Läden, Boutiquen, Secondhandshops, Restaurants wie die *Bauernschänke* oder das *Zunfthaus zum Neumarkt* beherbergen. Ebenfalls hier zu Hause ist das experimentierfreudige *Theater am Neumarkt.* Zu den idyllischsten Altstadtgassen mit Handwerksbetrieben und kleinen Geschäften gehören die von Neu- oder Rindermarkt wegführenden *Prediger-* und *Froschaugassen*.

10 OBERDORF (115 E5) (*🕮 J–K6*)

Hinter dem Grossmünster liegt ein verträumter Teil der Altstadt: das Oberdorf mit Trittli-, Franken-, Schlosser- und Neustadtgasse. Hier reihen sich verwinkelte Häuser, oft aus dem 16. Jh., mit kleinen Terrassen und Gärtchen aneinander, man hört Vogelgezwitscher und das Plätschern der Brunnen. In dieser biedermeierlichen Atmosphäre haben sich Architekten, Geigenbauer, Uhrmacher, aber auch Galerien und andere Kleinbetriebe niedergelassen.

11 OPERNHAUS (115 E6) (*🕮 K6*)

Nach einem Brand in der für Opernaufführungen umgebauten Barfüsser-Klosterkirche im Niederdorf beschloss man, beim Bellevue ein neues Haus zu bauen. Man beauftragte die Wiener Architekten Fellner und Helmer, die dafür Pläne eines eigentlich für Krakau geplanten Baus aus der Schublade zogen. Nach 20-monatiger Bauzeit wurde 1891 das neubarocke, Elemente des traditionellen Schlossbaus aufweisende, stattliche Theater eröffnet. In den 1980er-Jahren wurde das

Mit der Polybahn rauf zur Polyterrasse

Haus mit einem Anbau versehen, der im Volksmund seiner rosa Farbe und eckigen Form wegen „Fleischkäse" genannt wird. *Falkenstr. 1 | Tram 2, 4: Opernhaus*

12 POLYTERRASSE
(115 E2) (*K4*)
Die Terrasse vor der früheren Polytechnischen Hochschule, der ETH (Eidgenössisch Technische Hochschule), erreicht man vom Central-Platz aus bequem mit dem schnuckeligen Polybähnli. Diese kleine Standseilbahn wurde 1889 erbaut, hat heute dank ihrer Eisenkonstruktionen eher kunsthistorischen Wert und fährt alle 3 Min. vom Central-Platz auf die Polyterrasse, die einen schönen Stadtblick freigibt. *Mo–Fr 6.45–19.15, Sa 7.30–14 Uhr | Tram 4, 6, 7, 10, 15: Central*

13 PREDIGERKIRCHE (115 E3) (*K5*)
Auch diese Kirche diente früher klösterlicher Einkehr. Sie wurde im 13. Jh. in gotischem Stil erbaut, der Chor im 16. Jh. als Kornschütte genutzt. Nach dem Einbau von Betonböden war 1917–82 das Staatsarchiv im Chor untergebracht. Der mit 97 m höchste Turm der Stadt kam erst 1900 dazu. An die Kirche schmiegt sich das mit einem sehenswerten Neubau ergänzte Jugendstilgebäude der Zentralbibliothek. *Tram 4, 15: Rudolf-Brun-Brücke*

14 RATHAUS (115 D4) (*J5*)
Der barocke Bau aus dem späten 17. Jh. ist neben Helmhaus und Wasserkirche als einziges der vielen in die Limmat gebauten Häuser stehen geblieben. Hinter den fein gegliederten, mit Büsten und anderen dekorativen Elementen geschmückten Fassaden tagen die Legislativen der Stadt und des Kantons Zürich. Im Innern sind prunkvolle Stuckaturen und Turmöfen aus dem 17. Jh. erhalten, der barocke Festsaal wird für Veranstaltungen genutzt. Besichtigung *Di, Do, Fr 10–11.30 Uhr | Tram 4, 15: Rathaus*

15 ROSENHOF (115 D–E 3–4) (*J5*)
Wie ein Innenhof öffnet sich unterhalb des Hirschenplatzes der Rosenhof, der durch Auskernung des alten Häuserbestands entstanden und nur durch enge Gässchen und Tordurchfahrten erreichbar ist. Donnerstags und samstags nimmt er den *Kuriositätenmarkt* auf, an den übrigen Tagen ist er – vor allem abends im Sommer – von Jungvolk in Beschlag genommen. Restaurants, Cafés und Bars sorgen für das leibliche Wohl. *Tram 4, 15: Rudolf-Brun-Brücke*

16 INSIDER TIPP SPIEGELGASSE
(115 E4) (*J–K5*)
Diese enge Altstadtgasse, die durch den Napfplatz und einen weiteren, idylli-

schen Platz erweitert wird, birgt literarische und geschichtliche Trouvaillen. Im *Haus Nr. 1* gründete 1916 der Pazifist Hugo Ball das *Cabaret Voltaire,* das zum Zentrum des Dadaismus wurde. In *Nr. 12* verstarb 1837 der Dichter Georg Büchner im Alter von nur 23 Jahren, und im Haus nebenan wohnte 1916/17 Wladimir Iljitsch Uljanow, der wenige Monate später unter seinem Beinamen Lenin an die Spitze der Russischen Revolution treten sollte. *Tram 4, 15: Rathaus*

17 THOMAS-MANN-ARCHIV (115 F3) (*K5*)

Vor und nach dem Zweiten Weltkrieg bis zu seinem Tod 1955 lebte der Schriftsteller Thomas Mann in Zürich. Sein Kilchberger Arbeitszimmer, seine Bibliothek, Dokumente und Literatur über Leben und Werk sind in diesem kleinen Museum erhalten geblieben. Schöne Lage am Abhang unterhalb der Universität. *Mi, Sa 14–16 Uhr | Eintritt frei | Führungen nach Vereinbarung: Tel. 04 46 32 40 45 | www.tma.ethz.ch | Schönberggasse 15 | Tram 6, 9, 10: ETH/Universitätsspital*

18 WASSERKIRCHE (115 D5) (*J6*)

Die Entstehung der Wasserkirche liegt mindestens 1000 Jahre zurück. Die Legende besagt sogar, dass der erste Sakralbau an der Stelle errichtet worden sei, wo die beiden Stadtheiligen Felix und Regula wegen ihres christlichen Glaubens enthauptet worden sind. Ursprünglich stand die Kirche auf einer Insel inmitten der Limmat, daher auch ihr Name, und war nur durch einen hölzernen Pilgersteg mit den Ufern verbunden. Während eines trockenen Sommers im 16. Jh. soll auf der Insel eine Quelle mit Heilkraft zutage getreten sein.

Der heutige Bau entstand im späten 15. Jh., gilt als einheitlichstes Werk der Spätgotik und zeichnet sich aus durch ein schönes Netzgewölbe und die hohen Spitzbogenfenster, die erst 1932/33 entstanden und das christliche Leben früher und heute zeigen. Dabei ist im rechten

Kuriositätenmarkt im Rosenhof: Wie wär's mit Schuhen aus Kamelleder?

Schmucke Hausfassade in der Augustinergasse

Fenster oben sogar ein INSIDER TIPP roter Rennwagen zu entdecken. Die Krypta ist zu einem kleinen Museum ausgebaut worden, in dem u. a. der Märtyrerstein von Felix und Regula zu sehen ist. Vor der Kirche steht das Denkmal für den Reformator Huldrych Zwingli. *Tgl. 9–18, Krypta Di 8–12, Mi–Fr 14–17, Sa 12–17 Uhr | Limmatquai 31 | Tram 4, 15: Helmhaus*

19 ZUNFTHAUS ZUM RÜDEN

(115 D4) (*J5*)

Eins ans andere reihen sich die Zunfthäuser am Limmatquai, wovon der Rüden das eindrücklichste ist. Bis zum Ausbau des Limmatquais stand dieses spätgotische, auf Arkaden gebaute Gesellschaftshaus, das den Patriziern als Lokal diente (Haus der Constaffel, der Adligen), direkt an der Limmat und machte damit dem Rathaus gegenüber als Regierungssitz Konkurrenz: eine Konstellation mit politischer Brisanz. Der Speisesaal, eine gotische Stube mit geschnitzter Holzdecke, ist sehenswert. Er gehört heute zum *Restaurant* in der ersten Etage. *Limmatquai 42 | Tram 4, 15: Rathaus*

ZENTRUM LINKS DER LIMMAT

Die Altstadt links der Limmat besteht wie ihr Gegenüber aus verwinkelten, meist autofreien Gassen. Die großen Kirchen stehen hier, alte Zunfthäuser und die Verwaltungsgebäude der Stadt. Begrenzt wird die Altstadt durch die Bahnhofstrasse, Zürichs Prachtmeile und das wirtschaftliche Herz der Stadt. Groß- und Privatbanken, Nobelkanzleien und Warenhäuser haben hier ihren Hauptsitz.

1 AUGUSTINERGASSE

(114–115 C–D4) (*J5*)

Von der Bahnhofstrasse führt die malerische Gasse via Münzplatz zur idyllischen *St. Peterhofstatt.* Im Haus *Zur Reblaube*, heute Restaurant, wohnte im 18. Jh. der Philosoph, Theologe und Physiognomiker Johann Kaspar Lavater (1741–1801), der dort auch von seinem Freund Goethe besucht wurde. Die Augustinergasse zeichnet sich durch geschnitzte Erker an renovierten Häusern aus dem 17./18. Jh. aus.

2 BAHNHOFSTRASSE ★ ●

(114–115 C–D 2–6) (*J4–6*)

Als Fröschengraben war dieser Straßenzug zwischen Paradeplatz und Bahnhof einst Teil der mittelalterlichen Wehran-

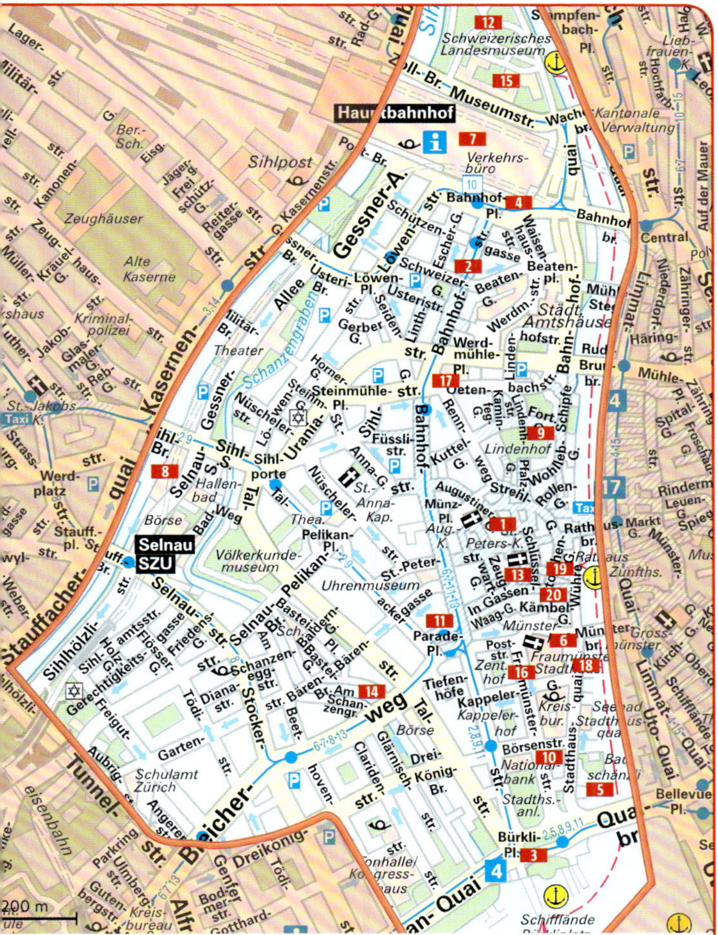

SEHENSWERTES IM ZENTRUM LINKS DER LIMMAT

- **1** Augustinergasse
- **2** Bahnhofstrasse
- **3** Bürkliplatz
- **4** Escher-Denkmal
- **5** Flussbad Stadthausquai
- **6** Fraumünster
- **7** Hauptbahnhof
- **8** Haus Konstruktiv
- **9** Lindenhof
- **10** Metropol
- **11** Museum der Zeitmessung Beyer
- **12** Platzspitz
- **13** St. Peter
- **14** Schanzengraben
- Fußgängerzone
- **15** Schweizerisches Landesmuseum
- **16** Stadthaus
- **17** Urania-Sternwarte
- **18** Waldmann-Denkmal
- **19** Wühre und Schipfe
- **20** Zunfthaus zur Meisen

lagen. Nach Schleifung derselben baute 1868 der Fotograf Ganz an der noch öden Straße das erste Wohn- und Geschäftshaus und wurde prompt für verrückt erklärt. Die Bebauung in Richtung Bahnhof schritt jedoch rasch voran. Die Bahnhofstrasse ist 1,2 km lang, nach dem Vorbild französischer Boulevards gestaltet und mit 200 Linden bepflanzt. Anziehend und die *Pestalozziwiese.* Weil hier früher Schwerverbrecher hingerichtet wurden, konnte sie nie verkauft werden, und so beschloss die Stadt, sie als Anlage für die Bürger mit dem Standbild des berühmten Pädagogen unbebaut zu lassen.
Etwas weiter aufwärts trifft man auf einen prächtigen Jugendstilbau, heute das *Kaufhaus Manor.* Leicht zurückversetzt

Auf der Bahnhofstrasse geht's immer geschäftig zu

wirken nicht nur die 180 Geschäfte und die 2500 Laufmeter Schaufensterauslagen, sondern auch die architektonische Eleganz als Folge eines strengen Baugesetzes, das zusammenhängende Häuserzeilen mit einer einheitlichen Höhe von 18 m vorschrieb. Die Bahnhofstrasse ist eines der teuersten Pflaster der Welt mit Mietpreisen von bis zu 10 000 CHF pro Quadratmeter. Auf der Goldmeile verkehrt – von zwei kleinen Straßenabschnitten abgesehen – nur das Tram.
Vom Bahnhof her kommend, stößt man nach dem eleganten *St.-Gotthard-Hotel* rechter Hand auf das *Warenhaus Globus* steht das *Warenhaus Jelmoli*, ursprünglich Zürichs erster Eisen-und-Glas-Palast, eine Pionierleistung. Ein weiteres Jugendstilgeviert folgt rechter Hand mit dem *Warenhaus St. Annahof*. Zu Anfang der *Pelikanstrasse* dann die aus Marmorquadern bestehende Rauminstallation des Konstruktivisten Max Bill. Am *Paradeplatz* selbst, dem Herzstück der Bahnhofstrasse, haben die Schweizer Großbanken ihren Hauptsitz. Die feingliedrige, aber monumentale Fassade der *Crédit Suisse*, in deren Erdgeschoss eine prunkvolle Ladenpassage mit Lichthof, Designerboutiquen und einem Res-

taurant liegt, beherrscht den Platz. Östlich wird der Paradeplatz begrenzt vom Hotel *Savoy*, südlich die berühmte *Confiserie Sprüngli.* Weiter Richtung See linker Hand der INSIDER TIPP Zentralhof, der über einen ruhigen Innenhof mit plätscherndem Brunnen und Bestuhlung vor dem INSIDER TIPP Café Strozzi's verfügt. Im Anschluss nochmals ein schöner Hof, der *Kappelerhof.* Gegenüber der Neubau der *Zürcher Kantonalbank* mit dem eisernen Rhinozeros vor dem Eingang. Den Abschluss machen linker Hand der mächtige, zum See ausgerichtete Komplex der *Schweizerischen Nationalbank* und schließlich der *Bürkliplatz.*

3 BÜRKLIPLATZ (115 6) (*J6*)
Benannt nach seinem Erbauer, dem Stadtingenieur Arnold Bürkli, stellt dieser Platz das Zentrum der Quaianlagen dar. Gemeinsam mit der zurückversetzten, der Nationalbank vorgelagerten Stadthausanlage bildete er ursprünglich eine Einheit und gleichzeitig den Abschluss der Bahnhofstrasse. Heute trennt der Individualverkehr den Platz von der Stadthausanlage, auf der samstags im Sommer ein *Floh- und Antiquitätenmarkt* stattfindet. Di und Fr *Markt*. Beim Bürkliplatz starten die Seerundfahrten.

4 ESCHER-DENKMAL (115 D2) (*J4*)
Als eines der wenigen Denkmäler ist es einer Zürcher Persönlichkeit gewidmet. Alfred Escher (1819–82), der ideelle Vater und Förderer der Gotthardbahn sowie Gründer der Schweizerischen Kreditanstalt (1856), schaut vom Bahnhof aus die Bahnhofstrasse hinauf zu den Alpen. *Tram 3, 10, 14, Bus 31: Bahnhofplatz*

5 FLUSSBAD STADTHAUSQUAI (115 D5) (*J6*)
Nostalgisches Holzbad nur für Frauen, abends bis 24 Uhr Barfußbar für alle (Musik und Tanz). *Juni–Sept. | Stadthausquai | Tram: Bürkliplatz*

6 FRAUMÜNSTER ★ (113 D5) (*J6*)
Ursprünglich war das Fraumünster die Kirche des adligen Damenstifts, das 853 von Ludwig dem Deutschen, einem Enkel Karls des Großen, für seine Töchter gestiftet wurde. Die jeweilige Äbtissin amtete bis ins Hochmittelalter hinein als Stadtregentin. Die Reformation beendete deren Regentschaft, und vom Kloster blieben nur noch die Kirche und der Kreuzgang übrig, der das Fraumünster

LOW BUDG€T

▶ Die Museen der Universität Zürich sind gratis, und für einen Regentag gibt es allemal genug zu sehen: Sehr modern und interaktiv ist das erdwissenschaftliche Forschungs- und Informationszentrum der ETH Zürich, ● *Focus Terra*. Eines der Highlights ist ein *Omniglobe,* auf dem auf Knopfdruck Erdbeben und Tsunamis in Echtzeit dargestellt werden können. *Sonneggstr. 5 | Mo–Fr 9–17, So 10–16 Uhr | www.focusterra.ethz.ch.*

▶ ● Das Projekt „Züri rollt" macht's möglich: Gegen Hinterlegung eines Ausweises und einer Kaution von 20 CHF können Sie City-, Mountain- und Elektrobikes sowie Kinderfahrräder, Trottinetts, Skate- und Kickboards kostenlos ausleihen. Standorte, Mai bis Oktober: Globus, Bürkliplatz, Oerlikon-Swissôtel, Bahnhof Enge; ganzjährig: Hauptbahnhof Zürich, Velostationen Süd (Sihlpost) und Nord (Landesmuseum)

Eines der von Marc Chagall entworfenen Glasfenster im Fraumünster

mit dem Stadthaus verbindet. Sehenswert sind im spätromanischen Chor der ansonsten spätgotischen Kirche die fünf 1970 realisierten hohen Glasfenster des Künstlers Marc Chagall und eine 1978 von ihm geschaffene Rosette. Die Fenster des nördlichen Querhauses schuf zwischen 1930 und 1945 Augusto Giacometti, ein Verwandter des Bildhauers Alberto Giacometti. *Tram 4, 15: Helmhaus und Paradeplatz*

7 HAUPTBAHNHOF

(114–115 C–D 1–2) (*🕮 J4*)

Der 1871 eingeweihte Bahnhof erfuhr im Lauf der Zeit einschneidende Veränderungen. 1976–80 renoviert, erlebte der Bahnhof in den 1980er-Jahren im Hinblick auf die Einführung der S-Bahn erneut eine Invasion der Baumaschinen: Auf der Südseite wurde eine bis heute nicht gebrauchte U-Bahnstation zur neuen Endstation der verlängerten Uetlibergbahn, auf der Nordseite entstand tief unter den Flüssen Limmat und Sihl der Bahnhof Museumstrasse, der den Kopf- mit einem Durchgangsbahnhof ergänzte. Im Zuge dieser Umbauarbeiten kamen zwei Untergeschosse hinzu, und nach und nach entstand ein riesiges *Einkaufszentrum*. Mit den laufenden, noch bis 2013 dauernden Bauarbeiten entsteht ein weiterer unterirdischer Durchgangsbahnhof. Die Halle stellt in Zürich den größten überdachten Platz dar und ist schlicht eine Augenweide. Es lohnt sich, in oder vor der *Pizzeria Atrio* sitzend, den Raum zu genießen. Die Halle wird allerdings häufig für verschiedene Anlässe genutzt, was dem prächtigen Raum nicht immer zuträglich ist.

8 HAUS KONSTRUKTIV ★

(114 B4) (*🕮 H5*)

Zürichs Pendant zu Tate Modern in London: Das Haus Konstruktiv befindet sich im denkmalgeschützten Elektrizitätswerk an der Sihl, das nach Plänen des Architekten Roger Diener in ein Museum umgebaut wurde. Als einzige Institution der Schweiz konzentriert sich das Museum auf konstruktive, konkrete und konzeptuelle Kunst und Gestaltung. Neben wechselnden Ausstellungen gibt es Kulturveranstaltungen. *Di, Do/Fr 12–18, Mi 12–20, Sa–So 11–18 Uhr | 14 CHF | Selnaustr. 25 | www.hauskonstruktiv.ch | Tram 8: Bahnhof Selnau*

9 INSIDER TIPP LINDENHOF
(115 D3–4) (*J5*)

Ein Platz für romantische Momente. Auf dieser Kuppe eines Moränenhügels errichteten die Römer eine Zollstation, die als Ursprung Zürichs gilt. Sie bietet eine tolle Aussicht auf die Stadt. Die schönste Geschichte rund um den Lindenhof schrieben 1291 Zürichs Frauen: Ein österreichischer Herzog hatte das zürcherische Heer in die Gegend von Winterthur gelockt und glaubte, die Stadt ohne Widerstand einnehmen zu können. Doch als er sich auf dem Lindenhof überraschend einem zweiten Heer gegenübersah, gab er auf und zog ab. Was er nicht wissen konnte: Das zweite Heer waren Zürichs mutige Frauen, die sich in Rüstungen geschmissen hatten. Dieser List gedenkt ein *Brunnen* auf dem Lindenhofplatz. *Tram 4, 15: Rathaus, 6, 7, 11, 13: Rennweg*

10 METROPOL (115 D5) (*J6*)

Zwischen Fraumünsterstrasse und Stadthausquai, dem Renaissancepalais der Fraumünster-Post angegliedert, steht das 1803 erbaute Geschäftshaus Metropol. In dessen pompös gestalteten damaligen *Grand Café* schwänzte Albert Einstein als Student der ETH Zürich seinerzeit mit Vorliebe den Unterricht. 2007 wurde das Café als *Restaurant Metropol* mit Café, Bar und ganzjährig geöffneter INSIDER TIPP Boulevardterrasse wieder eröffnet. *Tram 2, 5, 8, 9, 11: Bürkliplatz*

11 MUSEUM DER ZEITMESSUNG BEYER (115 D5) (*J6*)

Die einzigartige Sammlung von Zeitmessinstrumenten seit vorchristlichen Epochen ist dem Uhren- und Bijouteriegeschäft Beyer zu verdanken. Zu sehen sind Schattenstäbe, Sonnen-, Öl-, Sand- und Wasseruhren, Eisen- und Schweizer Holzräderuhren, Uhren aus der Zeit Ludwigs XIV. bis zum Empire, Marineuhren, Navigationsinstrumente. *Mo–Fr 14–18 Uhr | 8 CHF | im Tiefparterre des Uhrengeschäfts Beyer | Bahnhofstr. 31 | www.beyer-chronometrie.ch | Tram: Paradeplatz*

12 PLATZSPITZ (115 D1) (*J4*)

Hinter dem Landesmuseum tut sich der Platzspitz auf, begrenzt durch den Zusammenfluss von Limmat und Sihl. Berühmt wurde die Halbinsel als „Needle

Kostbare Chronometer präsentiert das Museum der Zeitmessung Beyer

Park", weil hier – in der Nähe des Hauptbahnhofs – bis 1992 die größte offene Drogenszene Europas bestand. Die Schönheit des Platzes beruht auf der teilweise barocken Anlage, dem mächtigen Baumbestand, einem Musikpavillon und dem Wegenetz, das anlässlich der ersten Landesausstellung angelegt wurde. *Tram: Bahnhofplatz/Bahnhofquai*

13 ST. PETER (115 D4) (*J5*)
Die Kirche bildet den südlichen Abschluss der idyllischen St. Peterhofstatt und ist der älteste Sakralbau der Stadt. Der romanische Turm, der auch bestiegen werden kann, erhielt 1534 die mit 8,7 m Durchmesser größten Zifferblätter Europas. Das barocke Langhaus kontrastiert den Turm und wartet im Innern mit kräftigem Stuckdekor auf. *Tram: Paradeplatz*

14 SCHANZENGRABEN
(114 C2–115 D6) (*H4–J6*)
Der Schanzengraben, ein ehemaliger Wehrgraben, führt als Kanal vom See rund um die Innenstadt zum Bahnhof. Er wird von einem durchgängigen Steg gesäumt, an einigen Stellen führen Treppen von der Straße hinunter. Der Schanzengraben bildet so eine lauschige Promenade, mit Tafeln, die über die Geschichte der Stadt informieren.

15 SCHWEIZERISCHES LANDESMUSEUM ● (115 D1) (*J4*)
Auf der Nordseite des Hauptbahnhofs prangt der imposante, historisierende Repräsentationsbau des Landesmuseums, dessen Zweck sich seit seiner Eröffnung 1889 nicht verändert hat: Es hat das Aufzeigen der kulturellen Vielfalt des Landes und die Dokumentation der Schweizer Geschichte von der Altsteinzeit bis zur Gegenwart zur Aufgabe. Ein Publikumsmagnet ist die mit Tausenden von Zinnfiguren dargestellte Schlacht bei Murten von 1476. Daneben verfügt das Museum über umfangreiche Sammlungen von Möbeln, Trachten, Uniformen, Waffen, Münzen und Kunsthandwerk. Insgesamt sind es über 800 000 Objekte – zu viele, um alle zeigen zu können. Geplant ist deshalb ein moderner Erweiterungsbau. Besonders sehenswert ist auch der Museumsshop mit einem großen Sortiment an Büchern und Souvenirs.. *Di–So 10–17, Do bis 19 Uhr | 10 CHF | Führungen nach Vereinbarung | Tel. 044 218 65 11 | Museumstr. 2 | www.landesmuseum.ch | Tram 4, 11, 13, 14: Bahnhofquai, S-Bahn Museumsstrasse*

16 STADTHAUS (115 D5) (*J6*)
Der Sitz der städtischen Exekutive wurde um 1900 in neugotischen Formen an-

DURCHS TRENDQUARTIER

Zürich-West, Kreis 5, Industriequartier – all diese Namen bezeichnen das Trendviertel Zürichs im Westen der Stadt. Hier gibt's besonders viele Szenelokale – und die Szene wechselt besonders schnell. Einen aktuellen Überblick gibt allen, die ein wenig körperliche Anstrengung nicht scheuen, die *Velo-Nachttour:* Unter kundiger Führung geht es im Juli und August jeden Samstag um 20 Uhr auf dem Mietfahrrad zu den wichtigsten Hotspots in Zürich-West und im Zentrum. *Dauer 2,5 Std. | Durchführung auf Anfrage unter www.zuerichbybike.ch | Treffpunkt: Velostation Nord, Hauptbahnhof*

stelle des ehemaligen adeligen Damenstiftes St. Felix und Regula erstellt. Der stattliche Lichthof und die Wandelgänge werden vom Kulturamt regelmäßig für Ausstellungen genutzt. *Mo–Fr 9–18, Sa 9–12 Uhr | Stadthausquai 17 | Tram 4, 15: Helmhaus*

münsters ein Wahrzeichen Zürichs ist. Im 15. Jh. schuf sich Hans Waldmann als Kriegsherr einen Namen, wurde Zürcher Bürgermeister und machte sich durch sein despotisches Regime unbeliebt. Schließlich erzwang das Volk seine Enthauptung. *Tram 4, 15: Helmhaus*

Waldmann-Denkmal vor den Türmen des Grossmünsters

17 URANIA-STERNWARTE

(114–115 C–D3) (*J5*)

Das Haus Urania beherbergt zuoberst in seinem 48 m hohen Turm ein öffentlich zugängliches Observatorium *(Do–Sa 21–23 Uhr | Führung 21 Uhr, 1,5 Std. | Eintritt 15 CHF)*. Ein Stock tiefer die *Jules-Verne-Bar:* Bei einem Drink mit Blick auf Dächer und Türme lassen sich wunderbar die nächsten Spaziergänge planen *(Mo–Do 11–24, Fr/Sa 11–1, So 17–23 Uhr)*. *Uraniastr. 9 | Tram 6, 7, 11, 13: Rennweg*

18 WALDMANN-DENKMAL

(115 D5) (*J6*)

Am Brückenkopf der Münsterbrücke thront das Waldmann-Denkmal, das zusammen mit der Silhouette des Gross-

19 WÜHRE UND SCHIPFE

(115 D3–4) (*J5*)

Zusammen bilden die beiden Uferwege links der Limmat eine enge, teils unter tiefen Arkaden geführte Verbindung vom Fraumünster bis zur Uraniastrasse. An guten Cafés, kleinen Läden und traditionellen Handwerksbetrieben vorbeikommend, erhält man nicht nur einen Eindruck von der mittelalterlichen Enge, sondern der Weg gewährt auch Ausblicke auf das Niederdorf. An der Wühre stehen barocke Bauten, enge Gässchen schaffen Verbindungen zur Storchengasse. Die Schipfe, ein ehemaliger Umschlagplatz zwischen See- und Flussschifffahrt, ist geprägt von hohen Gebäuden, meist aus dem 16. Jh.

20 ZUNFTHAUS ZUR MEISEN (115 D5) (*J6*)

Im Stil eines barocken Stadtpalais' mit Ehrenhof wurde das stattliche Haus 1757 nach französischem Vorbild gebaut. Dieses Zunfthaus verfügt ausnahmsweise über kein Restaurant. Dafür repräsentiert es die kulturelle Hochblüte der Stadt zu jener Zeit. Das Innere des Zunfthauses der Weinbauern, ausgestattet mit feinstem Rokoko, wartet mit herrlichen Stuckaturen und Öfen auf. Hier ist die *Porzellansammlung* des *Schweizerischen Landesmuseums (Di–So 10.30–17 Uhr)* untergebracht. Auf der Seite des Münsterhofs, den es östlich begrenzt, hielt Winston Churchill 1946 auf dem Balkon seine berühmte Europa-Rede. *Münsterhof 20 | Tram 4, 15: Rathaus*

ENGE

Der Stadtkreis 2, der sich vom Zentrum aus am linken Seeufer entlang zieht, ist geprägt von weitläufigen Quai- und Parkanlagen.

In einer der schönsten liegt das prächtige Museum Rietberg. Die Landiwiese verwandelt sich bei gutem Wetter in einen großen Sport- und Freizeitpark. Drei Seebäder sind hier zu finden und in den Straßen hinter den großen Firmenpalästen manch gute Shoppinggelegenheit sowie eine vielseitige Gastroszene.

1 BELVOIRPARK (121 F5–6) (*H7–8*)

Die Lage – nur durch Straße, Eisenbahn und Seeaufschüttungen vom See getrennt –, der freie Blick auf die Alpen und der durch ihren Begründer Heinrich Escher angelegte, exotische Baumbestand machen aus dieser Grünanlage einen prächtigen Erholungsraum. 1901 wurde er in einer spektakulären Rettungsaktion – unter anderem verkaufte man 11 000 m² zwecks Mittelbeschaffung – vor der Überbauung gerettet, später mit dem benachbarten Schneeligut und dem Iris- und Tagliliengarten vereinigt. In der *Escher-Villa* ist heute die *Hotelfachschule* mit Restaurant und wunderbarer *Terrasse* untergebracht. *Tram 7: Brunaustrasse*

Ein schönes Fleckchen – die Escher-Villa im Belvoirpark

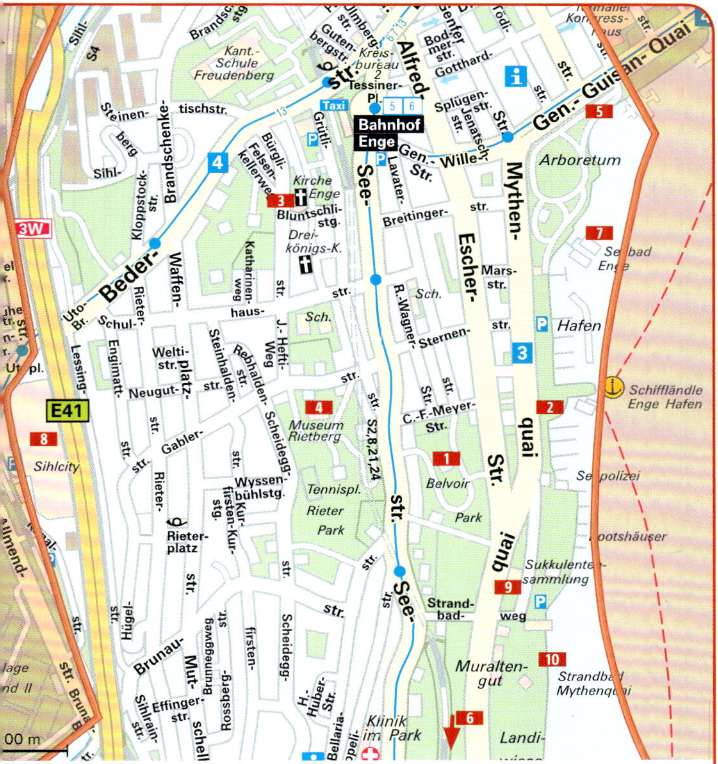

SEHENSWERTES IN ENGE

- **1** Belvoirpark
- **2** Keller-Denkmal
- **3** Kirche Enge
- **4** Museum Rietberg
- **5** Quaianlagen
- **6** Rote Fabrik
- **7** Seebad Enge
- **8** Sihlcity
- **9** Städtische Sukkulentensammlung
- **10** Strandbad Mythenquai

Fußgängerzone

2 KELLER-DENKMAL (121 F5) (H7)

Gottfried Keller, 1819 in Zürich geboren und 1890 auch dort gestorben, setzte sich in seinen Romanen („Der grüne Heinrich“, „Die Leute von Seldwyla“) und Gedichten intensiv mit seiner Heimatstadt und den politischen Strömungen des 19. Jhs. auseinander. 1861–76 war er erster Stadtschreiber von Zürich. Ein überdimensionierter Keller-Kopf in Stein steht auf einem kleinen Plätzchen neben dem Hafen Enge. *Tram 5, 161, 165: Rentenanstalt*

3 KIRCHE ENGE (121 E4) (H7)

Auf einer Moränenkuppe thront weithin sichtbar die Kirche Enge mit ihrer mächtigen Kuppel im Stile der italienischen

Die Quaianlagen sind Zürichs Sonnenterrassen für alle

Frührenaissance. Im Treppenaufgang stehend, genießt man einen herrlichen Rundblick über See und Stadt. *Grütlistr. 8 | Tram 5, 6, 7: Bahnhof Enge*

4 MUSEUM RIETBERG
(121 E5) (*H7*)

Im prachtvollen *Rieterpark* liegt die *Villa Wesendonck*, das Haupthaus des Museums Rietberg. Mitte des 19. Jhs. für den deutschen Kaufmann Otto Wesendonck erbaut, war die Villa ein kultureller Treffpunkt der Stadt. Auch Richard Wagner verbrachte hier als Gast der Familie einige kreative Jahre. Wagners Verehrung für Ottos Gattin Mathilde schlug sich in seinen „Wesendonck-Liedern" nieder. 1871 gingen Park und Villa in den Besitz der Familie Rieter über und wurden durch die *Park-Villa Rieter* ergänzt. 1945 kaufte die Stadt Zürich das Anwesen und machte daraus ein Museum für außereuropäische Kunst. Grundstock dafür bildete die Sammlung chinesischer, indischer und afrikanischer Kunst von Baron Eduard von der Heydt. Heute ist auch Kunst aus Japan, Ozeanien, Alt-Amerika und dem alten Orient zu sehen. Die Wechselausstellungen zeigen jeweils Meisterwerke von Weltrang. 2007 wurde das Museum durch einen gläsernen Eingangspavillon und zwei unterirdische Hallen erweitert und bietet jetzt auch ein Schaudepot mit über 4000 Objekten. *Di–So 10–17, Mi/Do 10–20 Uhr | Eintritt Sammlung CHF 12, Sonderausstellungen CHF 16 | Tel. 044 2 06 31 31 | www.rietberg.ch | Gablerstr. 15 | Tram 7: Museum Rietberg*

5 QUAIANLAGEN

In der ersten Hälfte des 19. Jhs. drängte die sich vergrößernde Stadt vehement über die Befestigungsanlagen hinaus. Der Stadtrat trug sich schon bald mit dem Gedanken, das Gebiet in Richtung See besser zu nutzen und eine Quaistraße zu erstellen. Nach heftigen Debatten wurde schließlich 1882 unter der Leitung des früheren Stadtingenieurs Arnold Bürkli der Bau der Quaianlagen vom *Hafen Enge* (121 F5) (*H7*) bis zum schräg gegenüberliegenden *Hafen*

Riesbach (122 B5) (*Ⓜ K8*) in Angriff genommen. Der vom Abriss der Befestigungsanlagen anfallende Bauschutt wurde dazu verwendet, das Seebecken aufzuschütten. Das monumentale Unterfangen verschlang das städtische Steuereinkommen eines ganzen Jahres und konnte 1887 abgeschlossen werden. Praktisch das gesamte Ufergelände des Sees mit Ausnahme der beiden Restaurants – *Acqua* und *Fischerstube* – ist auch heute noch unverbaut und frei zugänglich, bewachsen mit riesigen Bäumen oder blühendem Rhododendron. An schönen Tagen im Sommer und an sonnigen auch im Winter tummelt sich halb Zürich in diesen Anlagen.

6 ROTE FABRIK (O) (*Ⓜ O*)

In einem ehemaligen Fabrikgebäude aus rotem Backstein hat sich nach einer aufreibenden Entstehungsgeschichte in der Achtzigerjahren ein lebendiges und kreatives Zentrum nichtetablierter Kultur entwickelt: Es gibt Konzerte und Theater, die *Shedhalle* zeigt zeitgenössische Kunst, in über 100 Ateliers wird solche produziert, und das Restaurant *Ziegel oh lac* ist bekannt für seine gute und preisgünstige Küche, laute Musik und ein Publikum voller kritischer Geister. *Seestr. 395 | www.rotefabrik.ch | Tram 7: Post Wollishofen | Bus: Rote Fabrik, oder mit dem Schiff bis Wollishofen*

7 INSIDER TIPP SEEBAD ENGE
(121 F5) (*Ⓜ J7*)

Zwei als Floß auf dem Wasser schwimmende Liegestätten (eine davon nur für Frauen) mit Sicht auf die Alpen. Abends gibt's Kultur, sommerleichte Kost auch schon tagsüber und im Winter eine Sauna mit Zugang zum kalten See. *Mai–Mitte Sept. | Mythenquai | Tram 5, 161, 165: Rentenanstalt*

8 SIHLCITY ● (121 D5–6) (*Ⓜ G7–8*)

Neben der Autobahnhochstraße über der Sihl ist auf dem Areal der ehemaligen Papierfabrik Sihl ein Kultur- und Einkaufszentrum gebaut worden, das sich die kleinste Großstadt der Welt nennt. Wahrzeichen ist der denkmalgeschützte Fabrikschornstein. In der alten Papierrüsterei ist jetzt ein Restaurant gleichen Namens untergebracht, der Papiersaal im Obergeschoss wird für kulturelle Veranstaltungen genutzt. Die anderen Gebäude sind mehrheitlich neu. Die Anlage besitzt den größten Kinokomplex der Stadt, ein gestyltes Hotel, ein Fitnesszentrum mit Spa sowie diverse Restaurants und Bars. *Utoplatz | Tram 5, 13: Utobrücke*

9 STÄDTISCHE SUKKULENTEN-SAMMLUNG ★ (121 F6) (*Ⓜ H8*)

Fährt man auf der Seestrasse stadtauswärts, fällt linker Hand, kurz vor der Badeanstalt Mythenquai, eine Gruppe übergroßer Kakteen aus Eisen – still vor sich hin rostend – ins Auge. Dahinter befindet sich in zwei Gewächshäusern

Nicht nur für Botaniker eine Attraktion: die Städtische Sukkulentensammlung

eine weltweit einzigartige Sammlung sukkulenter, das heißt saftspeichernder Pflanzen aus den Trockengebieten der ganzen Welt. Über 8000 Arten von Kakteen, Agaven, Aloe vera, sogenannten „lebenden Steinen", Wolfsmilchgewächsen und Sukkulenten aus vielen anderen Pflanzenfamilien können hier besichtigt werden. Zur Sammlung gehören auch ein Herbarium, eine Sammlung dauerhaft konservierter Pflanzen, und eine mehr als 10 000 Muster umfassende Samensammlung. *Tgl. 9–16.30 Uhr | Pflanzenberatung Mi-Nachmittag | Eintritt frei | Mythenquai 88 | www.sukkulenten.ch | Tram 7: Brunaustrasse, Bus: Landiwiese*

10 STRANDBAD MYTHENQUAI ●

(121 F6) (*H8*)

Das Strandbad lockt mit großen Bäumen, einem tollen Alpenblick und Sandstrand. Was braucht man mehr für die Entspannungspause? Restaurant mit guten Verpflegungsmöglichkeiten. *Mitte Mai–Mitte Sept. | Mythenquai 95 | Tram 7: Brunaustrasse*

AUSSERSIHL/ INDUSTRIE-QUARTIERE

In diesem Stadtteil werden die Trends gesetzt. Der Kreis 4, das einstige Arbeiterwohnquartier mit alten Mietskasernen, war lange Zeit der obligate Wohn- und Arbeitsort für Kreative.

Hier hat der Seidenkönig Andy Stutz sein Stammhaus, die Designerin Ida Gut ihr Atelier. Mit der Entwicklung des Quartiers Zürich West im Kreis 5 zu einem kulturellen Hotspot mit Schauspielhaus, Kinos und Museen verlagerte sich die Szene teilweise zwischen die Bahngeleise und die Limmat in die umgenutzten Industriebauten und die neuen Glaskomplexe für urbanes Wohnen. Jetzt ist eine Gegenbewegung entstanden. Im Rotlichtviertel an der Langstrasse ergänzen Szenebars und Restaurants die Striplokale, und ein Netz von Spezialitätenläden, Ateliers und

Lokalen zieht sich bis in den angrenzenden Kreis 3 nach Wiedikon, in dem auch kleinere, günstige Hotels zu finden sind. Für Mode- und Designbewusste sowie für Nachtschwärmer ist ein Rundgang beiderseits der Gleise ein Muss.

1 DAROS EXHIBITIONS

(117 D3) (*🕮 G2*)

Mit über 1000 Arbeiten von Kunstschaffenden aus Lateinamerika ist die private *Daros Collection* die größte Sammlung dieser Art in Europa, und der Bestand wird laufend erweitert. Erworben werden Werke, die ästhetische, soziale und humane Zusammenhänge thematisieren. Mehrere Ausstellungen pro Jahr präsentieren das Werk eines Künstlers, einer Künstlerin oder geben Einblick in ein bestimmtes Genre. *Di/Mi, Fr 12–18, Do 12–20, Sa/So 11–17 Uhr | Eintritt 8 CHF, Do ab 17 Uhr frei | Limmatstr. 275 (während des Umbaus bis Juni 2012 in Albisrieden) | Tel. 044 225 65 65 | www.daros-latinamerica.net | Tram 4, 13: Dammweg*

2 FLUSSBAD UNTERER LETTEN

(117 E4) (*🕮 H3*)

Verspielte Holzbadeanstalt mit stark strömender Limmat. Jeden Di bis 24 Uhr Barbetrieb mit Kunstperformance; Juli/Aug. Openairkino *Film im Fluss. Juni–Mitte Sept. | Wasserwerkstr. 141 | Tram 4, 13: Dammweg*

3 FRIEDHOF SIHLFELD

(120 A–C 1–2) (*🕮 E–F 4–5*)

Der Friedhof Sihlfeld, eine der größten zusammenhängenden Grünflächen der Stadt, wird von vielen Anwohnern als Naherholungsgebiet genutzt. Auf dem ehemaligen Zentralfriedhof, der nach streng geometrischen Grundsätzen parkähnlich angelegt wurde, liegen viele berühmte Persönlichkeiten begraben, darunter der Schriftsteller Walter Mehring, der Zürcher Dichter Gottfried Keller, die „Heidi"-Autorin Johanna Spyri, der Sozialist August Bebel. *Aemtlerstr. 151 | Tram 3, Bus 33, 72: Krematorium Sihlfeld*

4 JOSEFSTRASSE

(116 C4–117 E5) (*🕮 G3–H4*)

Nirgends ist Zürich auf kleinstem Raum so mulitkulturell wie an der schmalen Straße zwischen der Bahntrasse und der Tramlinie: Neben dem mexikanischen Spezialitätenladen bietet ein indisches Geschäft bunten Nippes feil, daneben lockt das Thai-Warenhaus. Dazwischen

HIER GEHT'S LANG

Der Tourist-Service im Hauptbahnhof bietet diverse Touren an, z.B einen *Spaziergang durch die Altstadt (2 Std. 20 CHF)*, *Zürich mit dem Trolley* durch das Geschäftszentrum, die Altstadt und am See entlang *(2 Std. 32 CHF)* oder *Zürich und Umgebung* inklusive Seilbahnfahrt auf die Felsenegg und Rückfahrt mit dem Schiff *(3 Std. 45 CHF)*. Es gibt auch Tagesausflüge in die Berge sowie geführte Stadtrundfahrten mit dem Elektroroller Segway, als reguläre Tour und ab vier Personen auch individuell nach Vereinbarung. Infos und Ticketverkauf im Tourist Service im Hauptbahnhof. Interessante thematische Rundgänge durch bekannte, verkannte und neue Stadtteile bietet auch der *Verein Stattreisen Zürich. Mai–Okt. Sa | Tel. 044 3 64 12 12 | www.stattreisen.ch*

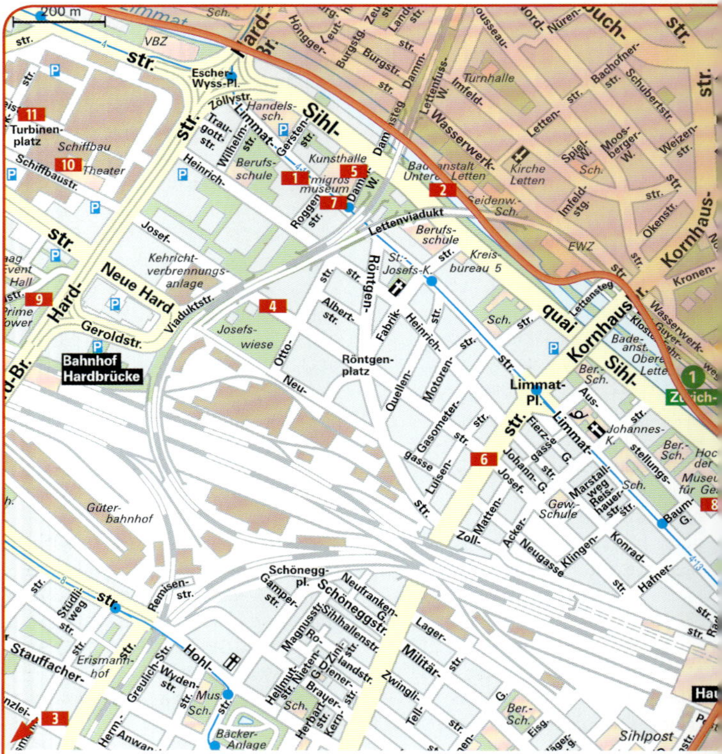

SEHENSWERTES IN AUSSERSIHL UND DEN INDUSTRIEQUARTIEREN

Fußgängerzone

1 Daros Exhibitions
2 Flussbad Unterer Letten
3 Friedhof Sihlfeld
4 Josefstrasse
5 Kunsthalle
6 Langstrasse
7 Migros Museum für Gegenwartskunst
8 Museum für Gestaltung
9 Prime Tower
10 Schiffbau
11 Turbinenplatz

verkaufen junge Schweizerinnen Eigenkreationen von Mode und Accessoires, hält das Designgeschäft Schönes und Nützliches bereit, trinkt man im italienischen Take-out Espresso. Die Josefstrasse führt zur Langstrasse – und ist der beste Weg, um sich auf das Viertel einzustimmen. *Tram 4, 13: Sihlquai*

5 KUNSTHALLE (117 D3) (*G2*)

Die Kunsthalle zählt zu den einflussreichsten Häusern für zeitgenössische Kunst; das ist Beatrix Ruf zu verdanken, die die Galerie seit 2001 leitet. In den Ausstellungen werden vor allem Schweizer Premieren internationaler Gegenwartskunst gezeigt; der Schwerpunkt liegt auf

Einzelpräsentationen. *Di/Mi, Fr 12–18, Do 12–20, Sa/So 11–17 Uhr | Eintritt 8 CHF, Do ab 17 Uhr frei | Limmatstr. 270 (während des Umbaus des Löwenbräu-Areals bis Juni 2012 an der Bärengasse) | Tel. 044 272 15 15 | www.kunsthallezurich.ch | Tram 4, 13: Dammweg*

6 LANGSTRASSE
(115 D6–E4) (*G5–H3*)

Sie war einmal als Sündenpfuhl Zürichs, als das Rotlichtmilieu schlechthin bekannt. Die Bordelle sind immer noch da und auch der Drogenhandel. Doch neben den Striplokalen gibt es jetzt auch kleine, multikulturelle Läden und neuerdings sogar Szenelokale und vor allem viel mediterrane Atmosphäre. Die schnurgerade Straße verbindet die Kreise 5 und 4. Vom Limmatplatz führt sie auf die Bahngleise zu und unter ihnen hindurch bis an die Badenerstrasse beim Bezirksgericht.

7 MIGROS MUSEUM FÜR GEGENWARTSKUNST (117 D3) (*G2*)

Migros, der größte Schweizer Einzelhandelskonzern, lässt seit 1957 ein Prozent seines Jahresumsatzes in kulturelle Projekte fließen. Eines davon ist das *Museum für Gegenwartskunst*, das Schweizer und internationale Werke sammelt und in Wechselausstellungen dem Publikum zugänglich macht. Die Ankaufspolitik setzt vor allem auf moderne Kunstformen wie z. B. Installationen und Videokunst. Das Museum beschäftigt sich insbesondere mit dem Verhältnis von Kunst und Gesellschaft und bietet zu diesem Thema immer wieder überraschende Einsichten. *Di/Mi, Fr 12–18, Do 12–20, Sa/So 11–17 Uhr | 8 CHF, Do 17–20 Uhr Eintritt frei | Limmatstr. 270 | www.migrosmuseum.ch | Tram 4, 13: Dammweg*

8 MUSEUM FÜR GESTALTUNG ★ ●
(117 E5) (*H–J3*)

Das Museum, 1930 eröffnet und architektonisches Denkmal dieser Zeit, zeigt interessante, sehr gut präsentierte Ausstellungen zu den Bereichen Design, visuelle Kommunikation und ästhetische Erziehung. Es verfügt über umfangreiche Sammlungen von Plakaten, grafischen Arbeiten und Design. *Di–So 10–17, Mi 10–20 Uhr | 12 CHF | Tel. 043 446 67 67 | Ausstellungsstr. 60 | Tram 4, 13: Museum für Gestaltung*

Originelles Design führt das Museum für Gestaltung vor

9 PRIME TOWER (116 C4) (*🕮 F3*)
Architektonische Großprojekte haben es schwer in Zürich, die direkte Demokratie und Einsprachen verhindern Großbauten der öffentlichen Hand meist über Jahre

Der Prime Tower ist das höchste Gebäude der Schweiz

hinaus. Umso erfreulicher ist der Superlativ von Zürich-West, das höchste Gebäude der Schweiz. Mit 126 m Höhe und 36 Stockwerken überragt der *Prime Tower* auf dem Areal der ehemaligen Maag-Zahnradfabrik alle anderen Gebäude um ein Mehrfaches. Das vom Architekturbüro Gigon/Guyer stammende achteckige Gebäude leuchtet dank seiner durchgehenden Glasfassade wie ein Kristall, Vorsprünge in der Fassade geben dem Turm etwas Organisches. Im Erdgeschoss sind, wie in der *Plattform,* dem benachbarten, siebenstöckigen Gebäude mit derselben kristallinen Fassade, Ladengeschäfte eingemietet. Im 34. und 35. Stock liegt das Restaurant *Clouds,* für das gleich zwei Sterne-Köche mit bislang je 16 Gault-Millau-Punkten am Herd stehen. In den Büroetagen hat sich unter anderem die Deutsche Bank eingemietet, sie belegt gleich fünf Etagen. *Hardstr. 201 | Maagplatz 5 | S-Bahn und Bus: Hardbrücke*

10 SCHIFFBAU ★ (116 C3) (*🕮 F–G2*)
Mit dem Schiffbau hat der neue Stadtteil 5 seit 2001 seinen Tempel. Peter Kern baute die Schiffbauhalle zu einem Zentrum für Theater, Musik und Gastronomie um. Das ehemalige Industriegebäude beherbergt das verglaste Nobelrestaurant *La Salle*, die Trendbar und Lounge *Nietturm*, vier Probebühnen sowie in zwei Betonkuben ein Studiotheater und den Jazzclub *Moods.* Herzstück des Ganzen ist das *Hallentheater*, das durch seine großzügigen Dimensionen beeindruckt. *Schiffbaustr. 4 | Tram 4: Schiffbau*

11 TURBINENPLATZ (116 C3) (*🕮 F2*)
Der quadratische Platz ist der größte der Stadt. An die industrielle Vergangenheit des Quartiers erinnern der Bodenbelag aus Beton und die Schienen aus Gusseisen, die den Platz unterteilen. Begrenzt wird er vom Technopark, einem Hotelkomplex und dem Laden- und Wohnkomplex Puls 5. Nachts ist der Platz farbig beleuchtet und verbreitet mit seinen orangenen und violetten Lichtkegeln zwischen den kalten, kubischen Fassaden eine ganz eigene, fröhliche Atmosphäre. *Giessereistrasse Bus 34: Technopark*

SEEFELD

Das Seefeld, im 19. Jh. eine noble Vorstadt, war in den 80er- und 90er-Jahren des 20. Jhs. das Trendquartier der Stadt

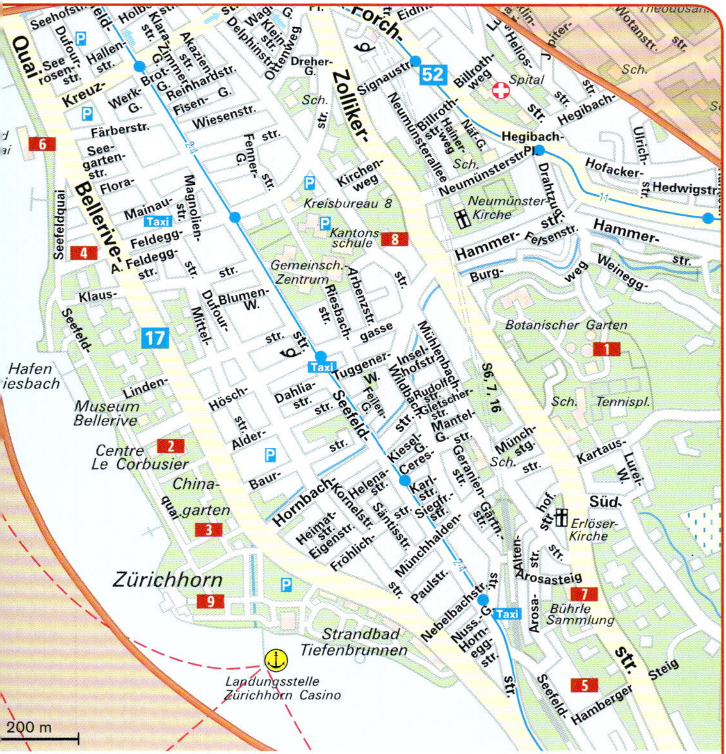

SEHENSWERTES IM SEEFELD

1 Botanischer Garten
2 Centre Le Corbusier
3 Chinagarten
4 Johann-Jacobs-Museum
5 Mühle Tiefenbrunnen
6 Seebad Utoquai
7 Stiftung Sammlung E.G. Bührle
8 Villa Patumbah
9 Zürichhorn

Fußgängerzone

und ist heute noch eine sehr begehrte und teure Wohngegend.

Denn noch immer gibt's hier gute Szenelokale sowie ungewöhnliche Läden und Boutiquen. Und jenseits der breiten Seestrasse lockt die ● Uferpromenade mit großen Grünflächen, Freibädern, Restaurants und Imbissbuden, die an schönen Tagen von Tausenden von Personen bevölkert wird. Mit Sehenswürdigkeiten und Museen mitten in der Grünzone ist das Seefeld der ideale Ort, um einen Spaziergang am See entlang mit Kultur anzureichern.

1 INSIDER TIPP BOTANISCHER GARTEN (123 D5) (🗺 L7–8)

Auf einem Moränenhügel oberhalb des Seefeldquartiers befindet sich der 5 ha große Botanische Garten der Universität

Der Chinagarten bringt Schwung in Zürichs Architektur

mit drei Glaskuppeln, die als Schauhäuser für heimische und exotische Pflanzen dienen (bis Ende 2012 wegen Renovierung geschl.). Rund 9000 Plfanzenarten aus allen Klimazonen sind hier zu bewundern. *Parkanlagen März–Sept. Mo–Fr 7–19, Sa/So 8–18, Okt.–Feb. Mo–Fr 8–18, Sa/So 8–17 Uhr; Schauhäuser tgl. 9.30–16 Uhr (im Sommer Sa/So 9.30–17 Uhr) | Zollikerstr. 107 | Tram 2, 4: Höschgasse | Bus 33, 77: Botanischer Garten*

2 CENTRE LE CORBUSIER

(122 C5–6) (🕮 K8)

Am Rande des Zürichhorn-Parks steht das *Heidi-Weber-Haus*, benannt nach der Galeriebesitzerin und Bauherrin. Erbaut wurde es 1967 nach Plänen des Schweizer Architekten, Malers und Bildhauers Le Corbusier, der es als Wohnhaus konzipiert hatte. Heute dient es als Ausstellungspavillon für moderne Kunst. Das Haus mit seinem charakteristischen Dach aus zwei Stahlschirmen ist ein untypisches Beispiel von Le Corbusiers Baukunst; es besteht vor allem aus Stahl und emaillierten Stahlplatten. Es ist jedoch das einzige Werk des Meisters in Zürich. *Nur Juli–Sept Sa/So 14–17 Uhr | 12 CHF | Höschgasse 8 | Tram 2, 4, Bus 33: Höschgasse*

3 CHINAGARTEN (122 C6) (🕮 K8)

Der 1994 eröffnete, fast quadratische Chinagarten ist ein Geschenk der chinesischen Schwesterstadt Kunming und erfreut sich mit seinen exotischen Pavillons und Brücken sowie dem chinesischen Take-Away großer Beliebtheit. *März–Okt. tgl. 11–19 Uhr | 4 CHF | Bellerivestrasse | Tram 2, 4, Bus 33: Fröhlichstrasse*

4 JOHANN-JACOBS-MUSEUM

(122 B5) (🕮 K7)

Der Konzernherr, dessen Firmensitz gleich nebenan liegt, stiftete seine private Sammlung, um damit ein Museum zu gründen, das den Beitrag des Kaffees zur europäischen Kulturgeschichte zeigt. In einer Villa am Seefeldquai machen Porzellan, Silber, Grafiken und Gemälde den Einfluss des Kaffeegenusses auf das kulturelle und gesellschaftliche Leben des 17./18. Jhs. deutlich. *Fr 14–19, Sa 14–17, So 10–17 Uhr | 5 CHF | Seefeldquai 17 | www.johann-jacobs-museum.ch | Tram 2, 4: Feldeggstrasse*

5 MÜHLE TIEFENBRUNNEN (123 D6) (*🕮 L8*)

Die am Stadtrand gelegene ehemalige Mühle Tiefenbrunnen, 1890 als Brauerei im Schlösschenstil und als typischer Industriebau der Belle Epoque erbaut, ist Kulturzentrum, Ladenpassage, Werkstatt und Treffpunkt in einem. In den Gewerberäumen haben sich Galerien, Werbeagenturen und Modeateliers eingemietet. Ein großer Laden bietet Designermöbel, das Restaurant *Blaue Ente* ist eine beliebte Adresse für Gourmets, und wer etwas für seine Bildung tun will, verfolgt im *Mühlerama* den Weg vom Korn zum Mehl. *Di–Sa 14–17, So 10–17 Uhr, Juli/Aug. 3 Wochen geschl. | 9 CHF | Seefeldstr. 231 | www.muehlerama.ch | Tram 2, 4, Bus 33, S7: Tiefenbrunnen*

6 SEEBAD UTOQUAI (122 B4) (*🕮 K7*)

Diese am Ostufer in den See gebaute schöne Anlage hat eine gemischte sowie nach Geschlecht getrennte Abteilungen zu bieten. Beliebter Gay-Treffpunkt mit abendlichem Barbetrieb ist das Restaurant *Blaue Lagune*. *Mitte Mai–Mitte Sept. Utoquai | Tram 2, 4: Kreuzstrasse*

7 INSIDER TIPP STIFTUNG SAMMLUNG E.G. BÜHRLE (123 D6) (*🕮 L8*)

Der Bührle-Konzern wurde in der Schweiz gerne als Waffenschmiede beschimpft. Der 1956 verstorbene Patron Emil G. Bührle investierte aber auch in Kunst und hat seit den 1930er-Jahren eine gut 200 Werke umfassende Sammlung europäischer Kunst zusammengetragen, deren Pflege 1960 einer Stiftung übertragen wurde. Das Gewicht liegt auf der französischen Malerei, insbesondere auf den Impressionisten. Gezeigt werden Werkgruppen von Delacroix, Courbet, Manet, Degas, Renoir, Cézanne, Toulouse-Lautrec, Gauguin und van Gogh. Nach dem spektakulären Raub von mehreren Meisterwerken im Jahr 2008 ist die Sammlung leider nur noch auf Anmeldung zu besichtigen. *Keine regulären Öffnungszeiten, Führungen jeden 1. So im Monat | Tel. 044 4 22 00 86 | 25 CHF | Zollikerstr. 172 | www.buehrle.ch | Tram 2, 4, Bus 33: Wildbachstrasse*

8 VILLA PATUMBAH (123 D5) (*🕮 L8*)

Ein aus Sumatra zurückgekehrter Tabakpflanzer setzte sich mit dieser pompösen, alle Stile vermischenden Villa ein Denkmal. Die Hälfte des öffentlichen Gartens ist ein Vorzeigeobjekt der städtischen Gartendenkmalpflege. *Zollikerstr. 128 | Tram 11, 31, 33, S 18, Bus: Hegibachplatz*

9 ZÜRICHHORN (122 C6) (*🕮 K8*)

Die rechtsufrige Quaianlage vom Bellevue-Platz bis zu der augenfällig in den See ragenden Landzunge, dem Zürichhorn, wird auch als *Kunstmeile* (122 B–C 3–6) (*🕮 K6–8*) bezeichnet. Diverse Skulpturen und Reliefs sind auf einem Spaziergang zu entdecken: u. a. das berühmte „Sheep Piece" von Henry Moore, eine Bronzeplastik beim Hafen Riesbach, und die sich zweimal pro Tag ratternd und quietschend bewegende Eisenplastik „Heureka" von Jean Tinguely. Auf dem Weg zum Zürichhorn kommt man auch an Aufsehen erregenden Bauwerken vorbei: Das auffälligste ist die *Alupyramide* des Architekten Dahinden, in der heute eine Privatklinik untergebracht ist. Kurz hinter dem Hafen Riesbach stehen die *Villa Egli* und die neoklassizistische *Villa Bloch*, die heute das *Museum Bellerive* beherbergt. Die Mauer daneben schmückt der „Bacchantenzug", ein freizügiges Marmorfries, das vor der Zerstörung an seinem Ursprungsort gerettet werden konnte. Anschließend folgt die große *Blatterwiese*, an deren Rand das *Centre Le Corbusier* im Heidi-Weber-Haus und der *Chinagarten* zu finden sind.

AUSSERHALB DER CITY

BLAUER PLATZ (118 C2) (*🕮 K1*)
Der dem in Zürich gestorbenen deutschen Dichter Georg Büchner gewidmete Platz auf dem Universitätsgelände spielt mit dem Raum: Anstelle eines konventionellen Monuments überrascht er mit einem blauen, weichen Bodenbelag, schrägen Wänden und einer leuchtend gelben Stele – ein Werk des Zürcher Malers und Bildhauers Gottfried Honegger, Urgestein der Konstruktiven und Konkreten Kunst, dessen Arbeiten im öffentlichen Raum rund um die Welt zu sehen sind. *Tram: Milchbuck oder Irchel*

FRIEDHOF FLUNTERN
(119 F5) (*🕮 M–N3*)
Für literarisch Interessierte auf den Spuren von James Joyce ist der Friedhof eine wichtige Station: Dort sind das Grab und eine Statue des in Gedanken versunkenen irischen Schriftstellers zu finden. *Zürichbergstr. 189 | Tram 6, 39: Zoo*

IRCHELPARK (118 B2) (*🕮 J1*)
Der Landschaftspark verbindet die große Tramhaltestelle Milchbuck mit der Universität Irchel und besticht durch seine künstlich angelegten Bächlein, Weiher und Seen zwischen Hügeln und viel Grün. Bewohner des Stadtteils kommen hierher, um zu joggen und sich zu sonnen – ein lockerer und freundlicher Ort der Begegnung. *Tram: Milchbuck oder Irchel*

MFO-PARK (0) (*🕮 O*)
Benannt nach der Maschinenfabrik Oerlikon, die die Wirtschaft Zürichs lange geprägt hat, ist der MFO-Park der auffälligste der vier neu angelegten Grünanlagen von Neu-Oerlikon. Er besteht im Wesentlichen aus einer überdimensionierten Gartenlaube: ein 100 m langes, 30 m breites und 17 m hohes Metallgerüst, das bepflanzt ist. Im Gerüst sind Rankseile, Pflanzschalen und Fußwege eingehängt, gedeckt wird es von einem Sonnendach. Im Innern finden zuweilen Kulturveranstaltungen statt. Besonders schön ist die Konstruktion nachts, wenn sie beleuchtet wird. *James-Joyce-Strasse | Tram: Bahnhof Oerlikon*

OERLIKER PARK (0) (*🕮 O*)
Ein 35 m hoher Betonturm, der über eine stählerne Außentreppe erklommen werden kann, prägt den Oerliker Platz an der Birchstrasse. Das Grün der durch die Straße zweigeteilten Anlage steht in Reih und Glied. Über 1000 Bäume sollen hier dereinst eine kompakte Baumhalle bilden. Bis es so weit ist, vertreibt man sich mit dem Wasserbalken, einem endlos langen Brunnen, die Zeit und findet im kubischen, roten Pavillon Unterschlupf, der als Veranstaltungsbühne dient. *Ecke Birchstrasse/Emil-Rüti-Weg | Bus 64: Bullingerweg*

RIGIBLICK (118 C4) (*🕮 K3*)
Mit der Seilbahn erreicht man vom *Rigiplatz* (118 C5) (*🕮 K3*) in wenigen Minuten die INSIDER TIPP Aussichtsterrasse des *Restaurants Rigiblick* und die vielen Spazierwege in den Wäldern des *Zürichbergs* Richtung Zoo.

UETLIBERG/FELSENEGG
(124 A–B3) (*🕮 C8*)
Der Hausberg Zürichs erhebt sich über die Stadt und bietet mit seinen 871 m

Höhe einen großartigen Blick auf Zürich. Malerisch zu seinen Füßen liegt der Zürichsee, und bei klarer Sicht genießt man einen herrlichen Blick auf die schneebe-

WELLENBAD DOLDER (123 F1) (*N5*)
Freibad mit Wellenbecken; große Spielwiese, Restaurant. *Mitte Mai–Mitte Sept. | Adlisbergstr. 36 | Tram 6, Bus 39: Zoo*

Nicht zu toppen: Panorama-Aussicht vom Rigiblick

deckten Alpengipfel. Sehr reizvoll ist der Uetliberg im Herbst und Winter, wenn garstige und lang dauernde Hochnebel-Wetterlagen die Stadt unter einem grauen Deckel halten, der Hausberg jedoch aus dem Nebelmeer ragt.

Nach einer kleinen Stärkung in einem der beiden Restaurants auf dem Uetliberg kann man Richtung *Felsenegg* entlang des interessanten *Planetenweges*, einer Nachbildung unseres Sonnensystems im Maßstab eins zu einer Milliarde, weiter spazieren gehen. Auf der Felsenegg erwarten einen ein weiteres Restaurant und eine Seilbahn, die in den Zürcher Vorort *Adliswil* hinunterführt. Von dort fährt die S-Bahn (S 4, alle 20 oder 30 Min.) direkt zum Hauptbahnhof. *Alle 30 Min. fährt die S 10, eine der steilsten Bahnen der Welt ohne Zahnradantrieb, in 20 Min. auf den Uetliberg (Fahrkartencode *131).*

INSIDER TIPP **WERKBUNDSIEDLUNG NEUBÜHL** (0) (*O*)
Ein Schweizerisches Architekturdenkmal von internationalem Wert ist diese Einfamilienhaussiedlung, die als typisches Beispiel des so genannten „Neuen Bauens" in den 1930er-Jahren von einem Architektenkollektiv geplant wurde. *Nidelbadstr. 79 | Tram 7: Wollishofen*

ZOO ★ (119 F4–5) (*N3*)
Der Zürcher Zoo ist für seine artgerechten Großgehege bekannt. Bären, Leoparden u. a. Tiere leben in einer exakt ihrer natürlichen Heimat nachempfundenen Umgebung. Der 2003 eröffnete ● *Masoala-Regenwald* ist die originalgetreue Kopie des Ökosystems von Madagaskar in einer gigantischen Halle. *Tgl. 9–18, im Winter 9–17 Uhr (Masoala-Regenwaldhalle ab 10 Uhr) | Eintritt 22 CHF | Zürichbergstr. 221 | www.zoo.ch | Tram 6, Bus 39: Zoo*

ESSEN & TRINKEN

Die Schweizer stehen früh auf, deshalb nimmt das Frühstück („Zmorge") nicht nur am Sonntag viel Raum ein. Viele Cafés bieten Frühstück an, und im Trend sind Kaffeebars nach italienischem Vorbild, wo man den Tag mit Latte Macchiato und Gebäck beginnt.

Traditionelle Schweizer Küche wird zwar noch angeboten, doch vor allem im Zentrum ist die Restaurantszene vielfältig. Neben dem globalen Menüangebot steht auch vegetarische oder biologische Kost hoch im Kurs. Die bekannteste Spezialität ist das Zürcher Geschnetzelte. Am edelsten genießt man es in der Kronenhalle. Auf *währschafte*, also deftige Kost setzt auch die Bierhalle Kropf. Und dann der Käse: Einmal Fondue oder Raclette sollte es schon sein. In Zürich genießt man hervorragende einheimische Kost, man kann sich aber auch rund um den Erdball zu Tisch setzen, und das auf höchstem Niveau. Frühstück gibt's in Hotels und Res-taurants bis 11 Uhr, in Szenecafés auch darüber hinaus. Das Mittagessen wird 12–13, spätestens bis 14 Uhr serviert. Abends sind die Küchen 18–22, mancherorts bis 23 Uhr geöffnet. Einige Lokale im Zentrum und im Kreis 5 und 4 haben auch später noch warmes Essen, am Wochenende ist das Angebot am größten.

CAFÉS

HENRICI (115 D–E4) (*🕮 J5*)
Altes Holz- und Ledermobiliar, junges Publikum, freundlicher Service und hervorragender Kaffee – im Sommer auch

Bild: Restaurant Nooba

Über 1500 Restaurants, ein hohes Niveau an Esskultur, Schweizer Spitzenköche und eine vielgestaltige internationale Küche

auf der Terrasse. *Mo–Sa 8–24, So 9–22 Uhr | Niederdorfstr. 1 | Tram 4, 15: Rathaus*

SCHOBER (115 E4) (*🕮 J5*)
Eine der ältesten Konditoreien der Stadt, 1890 im Neobarockstil eingerichtet, beherbergt heute die französische Konditorei *Péclard*. Noch immer ist auch das Interieur zuckersüß, und abends wird der *Salon Rouge* zur INSIDER TIPP intimen, romantischen Weinbar. *Mo–Mi 8–19, Do–Sa 8–23, So 9–19 Uhr | Napfgasse 4 | Tram 4, 15: Rathaus*

INSIDER TIPP **SCHWARZENBACH**
(115 E4) (*🕮 J5*)
Kleines, sehr spezielles Tee-Café neben einem mehr als 100 Jahre alten Kolonialwarenladen. Herrliches Kaffee- und Teeangebot. *So/Mo geschl. | Münstergasse 19 | www.schwarzenbach.ch | Tram 4, 15: Rathaus*

SPRÜNGLI (114 C5) (*🕮 J6*)
Im Café der berühmten Confiserie am Paradeplatz trifft man sich vor oder nach dem Shopping auf der Nobelmeile Bahn-

hofstrasse. Ein Muss ist der Konditorzmorge mit exzellenter Schokolade und feinsten Backwaren. *Tgl. | Paradeplatz | Tram: Paradeplatz*

WÜHRE (115 D4) (*J5*)
An schönen Sommertagen ist ein freier Tisch an dem nur für Fußgänger zugänglichen Ort mit der tollen Sicht aufs Niederdorf Mangelware. Guter Cappuccino. *Tgl. | Wühre 11 | Tram 4, 15: Rathaus*

Tokio meets Zürich: Sushirestaurant Yooji's

INSIDER TIPP **ZÄHRINGER**
(115 E3) (*J–K5*)
Eines der wenigen Kollektive, die sich aus den 1980er-Jahren hinübergerettet haben. Kein Verzehrzwang, am Wochenende kommen die Nachtschwärmer zum Katerfrühstück. *Tgl. | Zähringerplatz 11 | Tram 4, 15: Rudolf-Brun-Brücke*

AMERIKANISCHE KÜCHE

IROQUOIS (122 C5) (*K7*)
Amerikanische und mexikanische Speisen. Ein besonderer Genuss ist der Sonntagsbrunch, der hier bis 16 Uhr serviert wird. *Mo–Fr 8–24, Sa/So 8.30–24 Uhr | Seefeldstr. 120 | Tel. 044 3 83 70 77 | Tram 2, 4, 33: Höschgasse | €–€€€*

ASIATISCHE KÜCHE

INSIDER TIPP **AH-HUA 1+2**
(114 A2) (*G–H4*)
Keine Experimente, kein Schnickschnack, die Menüs sind streng der Thai-Tradition verpflichtet. Zweimal wöchentlich werden frische Zutaten eingeflogen. 79 Menüs gibt's – das günstigste kostet wie schon 1998, bei der Eröffnung, 18 CHF. Und: Das Lokal ist eigentlich immer voll – zum Glück gibt's ein zweites gleich um die Ecke. *Ah-Hua 1: Mo/Di, Do/Fr 11.30–15, 17–22.30, Sa/So 11.30–22.30 Uhr | Brauerstr. 9 | Tel. 044 241 39 37 | Tram 8, Bus 32: Helvetiaplatz; Ah-Hua 2: Di–Fr 11.30–15, 17–22.30, Sa/So 12–22.30 Uhr | Ankerstr. 110 | Tel. 044 240 38 88 | Tram 8, Bus 32: Helvetiaplatz | €–€€*

BLUE MONKEY (115 D4) (*J5*)
Thairestaurant in einem alten Zunfthaus, bestehend aus einer trendigen Bar, einem Bistro und dem edlen Restaurant *Thai Heaven* im 1. Stock. Über Mittag

gibt's ein günstiges Thai-Büfett. *Tgl. | Stüssihofstatt 3 | Tel. 044 2 61 76 18 | Tram 4, 15: Rathaus* | €€–€€€

KHAN'S (115 D4) (*J5*)
Stilvolles Restaurant mit authentischer indischer Küche. Besonders empfehlenswert sind die köstlichen Tandoori-Spezialitäten aus den beiden echten Tandoori-Öfen. *Mo–Sa 18–24, So 17–23 Uhr | Marktgasse 17 | Tel. 044 2 61 21 82 | Tram: Rathaus* | €€–€€€

NOOBA (122 C4) (*L6*)
Es darf geschlürft werden! Trendige Nudelbar mit Terrasse. In der Pan Asian Cuisine werden Nudeln in unzähligen Variationen zubereitet. *Tgl. | Kreuzplatz 5 | Tel. 043 2 43 60 06 | Tram 11, 15, 31: Kreuzplatz* | €

SALA OF TOKYO ★ (117 E5) (*H–J4*)
Hier wird japanische Kochkunst auf höchstem Niveau geboten, mit traditionellen Spezialitäten wie z. B. Kaiseki-Ryori-Kost. Sushibar, Gartenrestaurant. *So/Mo geschl. | Limmatstr. 29 | Tel. 044 2 71 52 90 | Tram 4, 13: Sihlquai* | €€€

YOOJI'S (115 E6) (*K6*)
Exquisites Sushi, Sashimi, Udon Noodle Soup und Salate in elegantem Lokal, auch zum Mitnehmen. *Tgl., So nur abends | St. Urbangasse 8 | Tel. 044 2 08 15 55 | Tram: Bellevue* | €€

FRANZÖSISCHE KÜCHE

BRASSERIE LIPP (115 D3) (*J5*)
Nuancenreiche Auswahl an französischen Köstlichkeiten, von Bouillabaisse bis Choucroute (Sauerkraut). Pariser Brasserie-Ambiente im Belle-Époque-Stil. Zum Apéro nimmt man den Lift zur *Jules-Verne-Bar* – mit einer herrlichen Aussicht über die Stadt. *Mo–Do 8–24, Fr 8–1, Sa 11–1, So 17–23, Bar ab 11 Uhr | Uraniastr. 9 | Tel. 043 8 88 66 66 | Tram 6, 7, 11, 13: Rennweg* | €€

MÈRE CATHERINE (115 D4) (*J5*)
Für ein diskretes Tête-à-tête mit sieben Gängen bietet sich die schicke Galerie an. *Tgl. | Nägelihof 3 | Tel. 044 2 50 59 40 | Tram 4, 15: Rathaus* | €€€

ITALIENISCHE KÜCHE

CERTO (114 A4) (*H5*)
Der Italiener im Lokal des ehemaligen *Cooperativo (Coopi)* bietet mit zusammengewürfeltem Mobiliar eine witzige Wohnzimmeratmosphäre und eine Karte mit origineller und noch günstiger

MARCO POLO HIGHLIGHTS

★ Sala of Tokyo
Kochkunst aus dem Land der aufgehenden Sonne → S. 61

★ Bierhalle Kropf
Traditionelle Schweizer Spezialitäten im Jugendstildekor → S. 63

★ Kronenhalle
Zürcher Institution, mit Kunst an der Wand → S. 64

★ Kaufleuten
In-Lokal, in dem man auch nach Mitternacht sehr gut isst → S. 67

★ Rüsterei
Hervorragende Küche in außergewöhnlichem Raum → S. 67

★ Hiltl
Europas ältestes vegetarisches Restaurant → S. 67

Kost. Besonders empfehlenswert: die vier verschiedenen Teigwaren mit vier verschiedenen Saucen nach Wahl. *Mo–Fr 9–24, Sa 16–24 Uhr | Strassburgstr. 5 | Tel 044 241 04 04 | Tram 2, 3, 8, 9, 14: Stauffacher Brücke |* €–€€

ITALIA (121 E1) (*🕮 H4*)
Kultiger Italiener mit lauschigem Garten, einer Küche exakt wie in bella Italia und 24 Weinen im offen Ausschank. *Mo–Fr 11.30–14, 18–24, Sa/So 18–24 Uhr | Zeughausstr. 61 | Tel 044 241 04 04 | Tram 8, 32, Bus: Helvetiaplatz |* €–€€

ROSSO (116 C4) (*🕮 G3*)
Der angesagte Italiener im Trendviertel Industriequartier bietet zu sehr guten Pizzen ein originelles Fabriklager-Ambiente. Unbedingt reservieren. *Mittags und Sa geschl. | Geroldstr. 31 | Tel. 043 818 22 54 | Bus/S-Bahn: Hardbrücke*

LIBANESISCHE KÜCHE

INSIDER TIPP **PALME DE BEIRUT**
(120 C2) (*🕮 F5*)
Die ehemalige Quartierbeiz ist die ruhigere Alternative zum häufig überfüllten *Cèdre (Badener Str. 78)* in Aussersihl. Die Atmosphäre ist angenehm und entspannt, die Kartoffeln mit Koriander und Knoblauch sind Weltklasse! *Mo geschl., Sa/So nur abends | Bertastr. 76 | Tel. 044 4 62 64 73 | Tram 2, 3: Lochergut, Bus: Bertastrasse |* €€

GOURMETTEMPEL

Alden (121 F4) (***🕮 H6***)
Das kleine, feine Restaurant in Zürichs kleinstem Fünfsterne-Hotel bietet eine wunderbar intime und zugleich edle Atmosphäre; der mit 13 Gault-Millau-Punkten dekorierte Chef Roland Höhmann zaubert klassische und originelle Gerichte sowie exquisite Amuse Bouches auf den Teller, alles ist saisongerecht und schmeckt südländisch gut. Mit Tischen im Freien und einer kleinen Karte auch nach 22 Uhr. *Hauptgerichte 20–50 Euro | tgl. 6.30–0.30 Uhr | Splügenstr. 2 | Tel 044 289 99 99 | Tram 5, Bus 161, 165: Rentenanstalt*

Goethestübli Kaiser's Reblaube (115 D4) (***🕮 J5***)
Im Herzen Zürichs kocht Peter Brunner eigenwillig, innovativ und superb! Die À-la-minute-Gerichte sind ein Genuss. Das 7-Gänge-Menü kann auf drei Gänge reduziert werden. Auf der Weinkarte hervorragende Schweizer Gewächse. *Hauptgerichte 19–32 Euro | Mo-Abend, Sa-Mittag und So geschl. | Glockengasse 7 | Tel. 044 2 21 21 20 | Tram 4, 15: Rathaus*

Mesa (118 B5) (***🕮 J3***)
Marcus Lindner ist mit 17 Gault-Millau-Hauben einer der höchstdekorierten Chefs der Stadt. In seinem schlicht möblierten Lokal werden mittags ein Vier-Gänge-Menü und ein Business Lunch, abends die „Symphonie der Sinne" aufgetischt, die aus Lebenssinn, Frohsinn, Wahnsinn, Feinsinn, Eigensinn (Hauptgericht) und Leichtsinn (Nachspeise) besteht – durchweg ungewohnte, aber gut durchdachte Kombinationen! *Hauptgericht mittags 20 Euro, Menü abends 65–93 Euro | So/Mo geschl., Sa nur abends | Weinbergstr. 75 | Tel. 043 3 21 75 75 | Tram 7, 15: Sonneggstrasse*

Trattoria mit authentischem Flair: Italia

MEXIKANISCHE KÜCHE

RESTAURANT MEXICANO
(115 D3) (*J5*)

Das Lokal liegt nicht nur zentral im Niederdorf, das Interieur stimmt ein auf eine wunderbare Reise: Wer sich hier die *Fajitas* und *Burritos* auf der Zunge zergehen lässt, fühlt sich wie in Mexiko. *So–Do 10–2, Fr/Sa 10–4 Uhr | Niederdorfstr. 13 | Tel. 044 260 56 46 | Tram 4, 15 Rudolf-Brun-Brücke* | €–€€

SCHWEIZER KÜCHE

ALPENROSE (117 D4) (*H3*)

Für Zürich ungewohnt hohes Lokal vom Beginn des 20. Jhs. mit schöner Einrichtung aus Holz, dekoriert mit alten Werbeplakaten. Auf der Karte sehen Schweizer Leckerbissen und vegetarische Menüs. *Sa/So nur abends, Mo geschl. | Fabrikstr. 12 | Tel. 044 2 71 39 19 | www.restaurant-alpenrose.ch | Tram 4, 13: Quellenstrasse* | €–€€

BAUERNSCHÄNKE (115 E4) (*J–K5*)

Zur beschaulichen Quartierbeiz zurückverwandelt, überrascht das Lokal mit einer modernen, vielfältigen Karte, die für jeden Gusto und Geldbeutel etwas bietet. *Tgl. | Rindermarkt 24 | Tel. 044 2 62 41 30 | Tram 3, 31, Bus: Neumarkt* | €

BIERHALLE KROPF ★ (115 D4) (*J5*)

Die prachtvolle Bierhalle mit barocker Deckenmalerei, korinthischer Säule und Jugendstildekor ist allein einen Besuch wert. Dazu gibt's handfeste Schweizer Küche und natürlich Bier: Eichhof, Hubertus, Erdinger. Mit schöner Altstadtterrasse. *So geschl. | In Gassen 16 | Tel. 044 2 21 18 05 | Tram: Paradeplatz* | €–€€

DÉZALEY CAVE VAUDOISE
(115 D–E4) (*J5*)

Hier können Sie im Winter das beste Fondue und im Sommer Waadtländer Wurstwaren im Hinterhofgarten genießen. *So geschl. | Römergasse 7 | Tel. 044 2 51 61 29 | Tram 4, 15: Helmhaus* | €€

SPEZIALITÄTEN

▶ **Bürgermeister-Gotlett** – Große Schweinekoteletts werden mit einer Mischung aus Semmeln, Äpfeln und Apfeldicksaft gefüllt und gebraten
▶ **Fondue** – Es gibt milde und kräftige Käsemischungen, die mit Weißwein und Kirsch flüssig gemacht werden. Dann steckt man Brot auf eine Gabel und dreht es im flüssigen Käse (Foto re.)
▶ **Mandelsuppe** – Kräftige Fleischbouillon, mit aufgeweichtem Toastbrot und Mandeln gemischt; mit Salat eine komplette Mahlzeit
▶ **Raclette** – Von einem angeschnittenen, über dem Feuer heiß gemachten Käselaib wird flüssiger Käse abgestrichen und mit Pellkartoffeln serviert. Dazu trinkt man Weißwein, z. B. einen Fendant aus dem Wallis
▶ **Zürcher Chachelimüs** – eine leichte, günstige Mahlzeit aus Eiern, Greyerzer-Käse, Rahm und Sauerrahm. Alle Zutaten miteinander vermischt und im Ofen goldgelb gebacken, geben zusammen mit einem Salat eine leichte Mahlzeit
▶ **Züri Gschnätzlets** – Die Zürcher Spezialität wird aus erstklassigem in Stücke geschnittenem Kalbfleisch und einer Sauce aus Weißwein und Rahm hergestellt. Dazu isst man Rösti (gebratene Kartoffelspäne zu einem Fladen gepresst), auch Nudeln oder Reis (Foto li.)
▶ **Zürcher Zouftschriibertopf** – altes Fleischtopf-Rezept aus Zunftzeiten. Zu Karotten, Erbsen und Kartoffeln werden Rinder-, Schweine- und Kalbsfilets gebraten und mit Innereien (Kalbsnieren und -leber) sowie Speck serviert. Dazu trinkt man einen Zürcher Landwein
▶ **Züri Tirggel** – alte Gebäckspezialität aus Honig, Mehl, Ingwer, Zimt und ein paar weiteren Zutaten

FEDERAL (115 D2) *(🕮 J4)*
Was passt besser in dieses unvergleichliche Jugendstil-Bahnhofsbüfett als *währschafte* Hausmannskost und ein Schweizer Bier? Über 100 stehen in der Brasserie zur Wahl! *Tgl. | Hauptbahnhof (Bahnhofshalle) | Tel. 044 2 17 15 15 | Tram: Hauptbahnhof |* €

KRONENHALLE ★ ●
(115 E5–6) *(🕮 K6)*
War Promitreff mit unspektakulärer Speisekarte bei spektakulären Preisen. Heute ist das Publikum gemischter. Die Qualität hängt auch an den Wänden in Form von Originalen großer Künstler wie Chagall, Kandinsky, Miró. Eine Zürcher Instituti-

on mit Atmosphäre und Geschichte, die man besucht haben muss. *Tgl. | Rämistr. 4 | Tram: Bellevue | Tel. 044 2 516669 | www.kronenhalle.com* | €€€

OEPFELCHAMMER (115 E4) (*J5*)
Einst das Stammlokal Gottfried Kellers, heute Treff der Aupairs und Studenten. An alten, mit eingeritzten Namen übersäten Tischen wird Wein getrunken, auf der Karte Zürcher Gerichte. *So/Mo geschl. | Rindermarkt 12 | Tel. 044 2 512336 | Tram 3, 31, Bus: Neumarkt* | €€

ROSALY'S (115 E6) (*K6*)
Moderne Schweizer Küche ohne „Schnipo" (Schnitzel/Pommes), dafür mit vegetarischen Gerichten und einem gewissen fancy Touch. Über 100 Schweizer Weine. *Sa/So nur abends | Freieckgasse 7 | Tel. 044 2 614430 | Tram: Bellevue* | €€

INSIDER TIPP **TÜFI** (122 C6) (*L8*)
Hier setzt man ganz auf biologisch und fair produzierte sowie möglichst regionale und immer saisonale Produkte – und versteht es vorzüglich, damit leckere und kreative Menüs zu kreieren. *Mo–Fr 11.30–14.30, 18–23.30, Sa 18–23.30 Uhr, (Juni–Sept.Sa geschl.) | Dufourstr. 154 | Tel. 044 3818028 | Tram 2, 4: Fröhlichstrasse* | €€

VOLKSHAUS (114 A3) (*G–H5*)
Das Restaurant bietet beste Schweizer Küche zu fairen Preisen, und im Bistro und der Bar gibt's zu den Getränken Snacks mit Schweizer Biobergkäse und anderen heimischen Produkten. Und: Hier treffen sich Linksalternative, Finanzjongleure, Handwerker und Trendsetter schon morgens zu Kaffee und Gipfel. *Mo–Fr ab 8, Sa ab 9, So ab 10 Uhr | Stauffacherstr. 60 | Kreis 4 | Tel. 044 2421155 | Tram 8, Bus 32: Helvetiaplatz* | €€

WALLISER KELLER (115 E3) (*J5*)
Das Raclette wird hier von November bis Februar in Originalmanier vom halbierten Käselaib abgestrichen. Optisch wie kulinarisch ein Erlebnis – das dürfen Sie sich nicht entgehen lassen! *Sa/So geschl. | Zähringerstr. 21 | Tel. 044 2 694488 | Tram/Bus: Central* | €

Schweizerische Hausmannskost bietet das Bahnhofsbüfett, die Brasserie Federal

ZEUGHAUSKELLER (115 D4) (🕮 J5)
Schweizer Küche im Großformat, aber dennoch lecker: Hier gibt es Würste, Rösti u. a. Das Traditionslokal wird von Einheimischen wie von Touristen besucht. *Tgl. | In Gassen 17 | Tel. 044 2112690 | Tram: Paradeplatz | www.zeughauskeller.ch* | €€

Tapas & Co: Bodega Española

SPANISCHE KÜCHE

BODEGA ESPAÑOLA (115 E4) (🕮 J5)
Das über hundert Jahre alte Lokal ist aus Zürich nicht mehr wegzudenken. Bauarbeiter gönnen sich hier genauso ihren Rioja wie Millionäre ihre Tapas. Leckere Paella. *Tgl. | Münstergasse 15 | Tel. 044 2512310 | Tram 4, 15: Helmhaus* | €–€€

URANIA (115 D3) (🕮 J5)
Schicke Tapasbar, verbreitet mitten in der Limmatstadt mediterranes Lebensgefühl. *So geschl. | Uraniastr. 7 | Tel. 044 2102808 | Tram 4, 15: Rudolf-Brun-Brücke* | €€

SZENETREFFS

INSIDER TIPP **ACANTO** (116 C4) (🕮 F3)
Das *Acanto* ist mehr als eine Beiz – auch Gelateria, Bar und Disko und damit zu jeder Tages- und Nachtzeit einen Besuch wert. Von der Terrasse blickt man auf das Ausgehquartier Zürich-West; es gibt schweizerische und italienische Kost sowie Foccacce, jeden Dienstag ab 17 Uhr eine Afterwork-Party mit Gratis-Pasta bis 19 Uhr und jede Nacht außer So Disko. *Mo–Fr ab 9, Sa ab 17 Uhr | Pfingstweidstr. 5 | Tel. 044 2720808 | Tram 4: Schiffbau* | €

BLAUE ENTE (123 D6) (🕮 L8)
Gehobener In-Place mit viel Publikum aus der Werbeszene. Weiß gedeckte Tische, alte Sandsteinmauern und viel Platz schaffen eine edle Atmosphäre. Guter Service, experimentierfreudige Küche. *Tgl. | Seefeldstr. 233 | Mühle Tiefenbrunnen | Tel. 044 3886840 | Tram/S-Bahn: Bahnhof Tiefenbrunnen* | €€€

CADUFF'S WINELOFT (121 D1) (🕮 G4)
In der ehemaligen Blumenhalle treffen sich Weinfans: Beat Caduffs Angebot ist hervorragend. Dazu gibt's Deftiges wie Hackbraten. *So geschl., Sa nur abends, Kanzleistr. 126 | Tel. 044 2402255 | Bus: Kernstrasse* | €€€

GIESSEREI OERLIKON (0) (🕮 0)
Hoher, mit Kerzen beleuchteter Raum in einer alten Werkhalle; gute Küche. *So nur abends, Fr abends und Sa nur geschl. Gesellschaften | Tel. 043 2051010 |*

Birchstr. 108 | Tram 11: Regensbergbrücke | €€–€€€

IDABURG (120 C2) *(F5)*
Kleines Lokal mit lauschigem Gärtchen in stillem Wohnviertel. Kleine, mediterrane Karte mit vegetarischen Varianten. *Sa nur abends, So/Mo geschl. | Gertrudstr. 44 | Tel. 044 4 51 18 42 | Tram 2, 3: Lochergut, Bus: Bertastrasse* | €€

KAUFLEUTEN ★ (114 C4) *(H–J5)*
Sehen und gesehen werden. Die Küche ist gut, nach 24 Uhr die beste der Stadt. Nebenan Bar und Club. *Di–Do bis 2, Fr/Sa bis 4, So/Mo bis 24 Uhr | Pelikanstr. 18 | Tel. 044 2 25 33 33 | Bus: Sihlporte* | €€–€€€

LATINO (122 C4) *(K7)*
Schönes In-Lokal an der Ausgehmeile des Seefelds mit guter italienischer Küche und beliebter Terrasse. *Sa/So nur abends | Seegartenstr. 14 | Tel. 044 3 88 37 77 | Tram 2, 4: Kreuzstrasse* | €€

RÜSTEREI ★ (121 D5) *(G7)*
Das Restaurant in der alten Papierfabrik bietet einen Mix aus gestyltem Interieur, Industrieatmosphäre und moderner Schweizer Küche. *Kalanderplatz 6 | Tel. 044 3 17 19 19 | www.ruesterei.ch | Tram: Sihlcity/Utobrücke* | €€–€€€

SCHMUKLERSKI (121 D–E2) *(G5)*
Zum In-Place geworden dank seines Besitzers, des Ex-Fußballers Thomas Bickel, ist das *Schmuklerski*, Grand Café mit Restaurant, Bistro und Bar, auch im neu erstellen Gebäude Ziel von schönem Partyvolk. Es lohnt sich aber auch, einfach wegen des Essens zu kommen – es ist sehr gut. *Mo 11.30–14, Di–Do 11.30–14, 18.30–22.30, Fr/Sa 18.30–23 Uhr | Badenerstr. 101 | Tel. 044 241 15 41 | Tram 2, 3: Gerichtsgebäude*

TERRASSE (115 E5) *(J–K6)*
In-Place beim Bellevue mit Restaurant, Café, Bar und Blick auf die Limmat. *Tgl. | Limmatquai 3 | Tel. 044 2 51 10 74 | Tram: Bellevue* | €€–€€€

VEGETARISCHE KÜCHE

HILTL ★ (114 C3) *(J5)*
Das älteste vegetarische Restaurant Europas, gegründet 1898, ist mit seinem Lounge-Interieur und dem Nachtclub auch das weitaus trendigste. Die Auswahl an vegetarischen und biologischen Produkten ist unübertroffen. *Tgl. | Sihlstr. 28 | Tel. 044 2 27 70 00 | www.hiltl.ch | Tram: Rennweg* | €–€€

LOW BUDG€T

▶ Beste Pasta und feine Hot-Panini-Salate zu Kantinenpreisen bietet das *Hot Pasta Due,* ein Ableger des Low-Budget-Lokals im Hochschulquartier. Das Konzept: Die Gäste füllen Ihren Bestellzettel aus und zahlen an der Kasse, Besteck und Servietten stehen auf dem Tisch. Auch budgetfreundliche Getränkepreise. *Mo–Do 7–24, Fr/Sa 7–1 (warme Küche 11–23) Uhr | Militärstr. 76* **(114 A–B2)** ***(H4)*** *| Tel. 043 243 33 10 | Bus 31: Kanonengasse*

▶ Das Restaurant Bahnhof Wiedikon hat noch das Interieur wie vor 40 Jahren und ist fast ebenso günstig wie damals. Die Tagesmenüs kosten 15–22 CHF. Es kommen nur einfache Schweizer Küche sowie Spaghetti & Co. auf den Tisch, diese jedoch sind hervorragend. Warme Küche tgl. 11–23 Uhr. *Seebahnstr. 33* **(121 D2)** ***(G5)*** *| Tram: Bahnhof Wiedikon*

EINKAUFEN

WOHIN ZUERST?

Zürich hat kein Zentrum für den Shoppingbummel, sondern deren vier oder fünf: die noble Bahnhofstrasse mit ihren Seitengassen, das Ober- und Niederdorf auf der anderen Seite der Limmat mit vielen kleinen Geschäfte und überraschend kreativem Sortiment, Aussersihl und Wiedikon, wo die arrivierten Kreativen wie Ida Gut und Fabric Frontline zu finden sind, und der Viadukt in Zürich-West, die neuste Shoppingmeile der Stadt mit neuem Design und junger Mode. Wer gerne multikulturell shoppt, bummelt durch die Josefstrasse.

Es soll ja Leute geben, die nur nach Zürich fahren, um ihrer Shoppinglust zu frönen, zu „lädelen", wie man hier sagt. In der Tat eignet sich kaum eine Stadt in Europa für dieses Vergnügen so wie die größte Schweizer Stadt, weist sie doch bezüglich Angebot und Qualität großstädtische Züge auf.

Exklusive Boutiquen, ausgesuchte Spezialgeschäfte, noble Kaufhäuser, Secondhandshops und Buchhandlungen in großer Zahl sind auf einem Quadratkilometer vereint, sodass alles zu Fuß bequem abgeklappert werden kann. Beginnen Sie mit der ★ *Bahnhofstrasse*, der wohl berühmtesten dieses Namens auf der ganzen Welt. Was sich da links und rechts dieses 22 m breiten und 1 km langen, von Linden gesäumten Asphalt-

Bild: Kaufhaus Jelmoli

Eine der berühmtesten Einkaufsstraßen der Welt und eine Vielzahl weiterer Einkaufsmöglichkeiten auf engem Raum

streifens zwischen Hauptbahnhof und Zürichsee alles an illustren, berühmten und normalen Geschäften niedergelassen hat, stellt alle anderen Einkaufsstraßen in den Schatten. Dass sie praktisch nur von der Straßenbahn befahren wird, erhöht noch das Einkaufsvergnügen. Zur Bahnhofstrasse gehören auch ihre diversen Seitengassen wie *Schweizergasse, Rennweg, Augustinergasse* und *In Gassen*, die mit Topdesignern die Attraktivität der gesamten Gegend erhöhen, sowie das exklusive Viertel um die *Storchengasse:* Im Kern der Altstadt reihen sich die feinsten Geschäfte für Mode, Schmuck und edle Accessoires aneinander. Die Bahnhof- und die parallel verlaufende Löwenstrasse enden beim *Hauptbahnhof*, der seit dem Bau des unterirdischen S-Bahnhofs die ● *Rail City*, ein riesiges Einkaufszentrum, beherbergt: In den Passagen im Untergrund liegen eine Unmenge Geschäfte, die werktags bis 21 und sonntags bis 20 Uhr geöffnet sind.
An Sonnentagen eignet sich für den Einkaufsbummel das *Limmatquai* mit vielen

Modernes Buchkaufhaus: Orell Füssli

„jungen" Boutiquen und Geschäften und zahlreichen Straßencafés. Wer mehr dem beschaulichen Einkauf in historischer Umgebung zugetan ist, begibt sich ins *Niederdorf* und ins anschließende *Oberdorf* und trifft dort auf eine Vielzahl kleinerer Boutiquen, auf Buchhandlungen und Antiquitätengeschäfte.

Originelle Läden mit viel Ausgefallenem und diverse Outlets mit Designermode sind rund um die *Josefstrasse* → S. 49 zu finden, die sich bis zur jüngsten Shoppingmeile, dem *Viadukt* in Zürich-West, zieht, sowie in den Straßen rund um den *Helvetiaplatz* im Kreis 4 und im angrenzenden Kreis 3 gegen den *Bahnhof Wiedikon* hin – da allerdings sind die Trouvaillen teilweise gut versteckt in den Seitenstraßen und liegen auch mal einige Gehminuten auseinander.

Als Souvenir aus Zürich bieten sich eine Kuckucksuhr oder eine Kuhglocke an, noch besser ein Gürtel mit Kuh- und Edelweißsujets aus Messing – schön, nützlich und auch ziemlich in. Oder Sie entscheiden sich für den Ohrring mit einer kleinen Kelle, ein Schmuckstück, das von den Älplern schon getragen wurde, als andernorts noch kein Mann sich das Ohr zu durchlöchern wagte. In den Filialen des *Schweizer Heimatwerks* bekommen Sie das alles in guter Qualität. Typisch für Zürich sind natürlich auch Uhren, die Auswahl – vor allem im oberen Preissegment – ist enorm. Für essbare Andenken hält man sich am besten an Schokolade. Kurz vor der Abfahrt können Sie noch Schweizer Käse mitnehmen. Wer auf den Geschmack gekommen ist, importiert ein Käsefondue-Set. Züritypisch ist der *Tirggel*, ein flaches Gebäck aus Weißmehl und Honig.

Die Geschäfte haben meist Mo–Fr 9–20 und Sa 8–18 Uhr geöffnet. Kleinere Läden schließen werktags häufig schon um 18.30 Uhr.

ANTIQUARIATE & BÜCHER

ORELL FÜSSLI (114 C3) (*🕮 J5*)
In der größten Buchhandlung der Stadt kann man auf mehreren Etagen in den gutbestückten Regalen wühlen und auf roten Ledersofas in Ruhe in den Büchern schmökern. Für Stärkung sorgt ein ladeneigenes Café mit Snacks. *Füsslistr. 4 | Tram 6, 7, 11, 13: Rennweg*

INSIDER TIPP BUCH & WEIN PARANOIA CITY & (121 E2) (*J G5*)
Ein ungewöhnliches Büchersortiment, dazu ausgesuchte Tropfen von kleinen Produzenten aus der Schweiz und den Nachbarländern und ein tolles Sortiment an witzigen, spleenigen Karten machen den Laden zu einem Treffpunkt mit Stammpublikum. Auch Lesungen. *Di–Fr 10–18.30, Sa 10–17 Uhr | Ankerstr. 12 | Tram 9, 14: Bahnhof Wiedikon | www.paranoiacity.ch*

ANTIQUITÄTEN

Dutzende von Händlern haben in Zürich ihre Geschäfte. Von Mai bis Oktober wird ein Großteil des Flohmarkts auf dem *Bürkliplatz* von ihnen beherrscht. Ansonsten sind Raritäten um *Nieder-* und *Oberdorf* und rund um die *St. Peterhofstatt* zu finden. Lohnende Entdeckungen können durchaus auch in den *Brockenhäusern* (s. Secondhand), wie man die Trödelläden hier nennt, gemacht werden.

EROTIK

CONDOMERIA (115 E4) (*J5*)
„Verhüterli" in allen Farben, Formen, Geschmacksrichtungen und Ausführungen. Es gibt sogar Kondome, die in Schokolade eingegossen sind. *Münstergasse 27 | Tram 4, 15: Rathaus*

GESCHENKE & SOUVENIRS

INSIDER TIPP ARS LONGA
(115 D2) (*J4*)
Kitsch für Kenner: Fotorahmen, Pfeffermühlen, Aschenbecher, Drachensanduhren und vieles mehr. Ein unwiderstehlicher Mix aus Klimbim, Kunst, Design und originellen Kleinigkeiten. Selbst wer nichts kaufen will wird fündig. *Bahnhofplatz 3 | Tram: Hauptbahnhof*

PEGASUS (115 D4) (*J5*)
Ganzjährig Weihnachtsschmuck, Teddybären, Schmuck, Wohnaccessoires und Gartenzwerge – ein Eldorado für alle, die auf Süßes und Edelkitschiges stehen. *Augustinergasse 16 | Tram: Rennweg*

SAUS & BRAUS (121 D2) (*G5*)
Schmuck, unverwechselbare Pullis oder Fischlampen. Das „Kaufhaus für Design" vereint über 70 vornehmlich Schweizerische Lables. *Ankerstr. 14 | www.sausundbraus.ch | Tram 2, 3: Bezirksgebäude*

MARCO POLO HIGHLIGHTS

★ **Bahnhofstrasse**
Elegante Einkaufsstraße mit Weltformat → S. 68

★ **Schweizer Heimatwerk**
Traditionelle Souvenirs, hochwertiges Kunsthandwerk → S. 72

★ **Viadukt**
In den Bahnbögen gibt's die neusten Läden in Sachen Mode und Design → S. 73

★ **Schwarzenbach Kolonialwaren**
Der schönste Laden in der ganzen Stadt → S. 72

★ **Sprüngli**
Köstlichkeiten aus der berühmten Schweizer Schokolade → S. 72

★ **Flohmärkte**
Nicht nur der Waren, auch der Leute wegen → S. 73

★ **Fabric Frontline**
Freche Seidenstoffe in modischem Ambiente → S. 74

SCHWEIZER HEIMATWERK ★
Traditionelles von der Kuhglocke bis zum *Sennechutteli* (Sennerkutte) und modernes Kunsthandwerk auf hohem Niveau aus der ganzen Schweiz: Seide, Keramik, Holzarbeiten, Schmuck. *Bahnhofstr. 2 | Tram 3, 8, 9, 11: Börsenstrasse* (115 D5) *(J6)*; *Rudolf-Brun-Brücke | Tram 4, 15: Rudolf-Brun-Brücke* (115 D3) *(J5)*

KAUFHÄUSER

GLOBUS (114 C3) *(J5)*
Schickes Warenhaus, besonders die Delikatessenabteilung im Untergeschoss lässt dem Gourmet das Wasser im Munde zusammenlaufen. *Löwenplatz/Pestalozzianlage | www.globus.ch | Tram 6, 7, 11, 13: Bahnhofstrasse*

JELMOLI (114 C3) *(J5)*
„The House of Brands" bietet mit über 1000 Marken die größte Auswahl an Markenartikeln. *Seidengasse 1 | www.jelmoli.ch | Tram 6, 7, 11, 13: Rennweg*

KULINARISCHES

HONOLD (114 C3) *(J5)*
Die Butterbrezeln muss man probiert haben, die Brötchen mit gehacktem Ei sind deliziös und die Schokoladenspezialitäten erstklassig. Der Confiseur der Gutsituierten. *Rennweg 53 | www.honold.ch | Tram 6, 7, 11, 13: Rennweg*

SCHWARZENBACH KOLONIALWAREN ★ (115 E4) *(J5)*
Ein wunderbares Lebensmittelgeschäft: Die seltsamsten Dörrfrüchte lagern neben den schönsten Süßigkeiten, Kaffeesorten aus der eigenen Rösterei neben alten Teedosen mit diversen Teesorten. Café nebenan. *Münstergasse 15 | www.schwarzenbach.ch | Tram 4, 15: Rathaus*

SPRÜNGLI ★ ●
Truffes du jour – sie müssen am gleichen Tag verkauft werden – und *Luxemburgerli* sind nur zwei der zahlreichen süßen Köstlichkeiten, deren Ruf um die ganze Welt

Beim Schweizer Heimatwerk gibt's patriotische Souvenirs

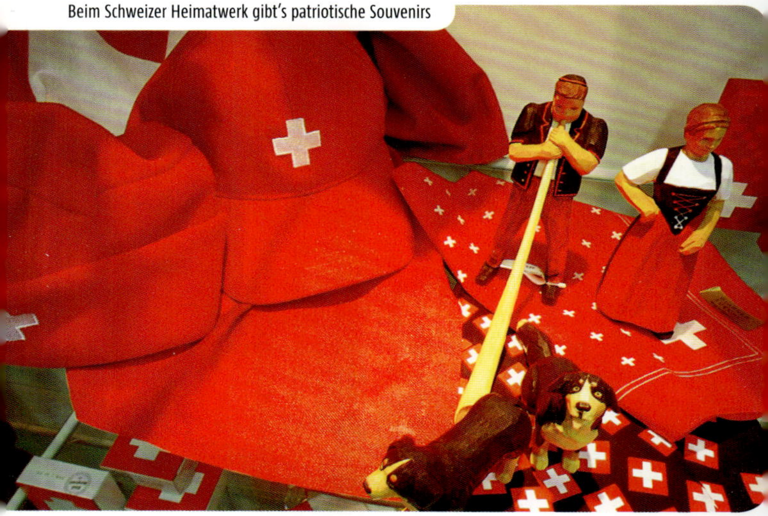

gegangen ist. Filialen gibt es am *Hauptbahnhof* (115 D1) (J4), in der *Löwenstrasse* (114 C2) (J4–5), am *Bahnhof Stadelhofen* (115 F6) (K6) und in der *Bahnhofstr. 21* (114 C5) (J6). *www.spruengli.ch*

KUNST & DESIGN

BISCHOFBERGER (122 B4) (K7)

Die Galerie des Doyens der internationalen Kunstszene in Zürich mit Werken von Künstlern wie Miguel Barcelo, Francesco Clemente, Andy Warhol, Jean Tinguely. *Utoquai 29 | www.brunobischofberger.com | Tram 2, 4: Opernhaus*

EINZIGART (117 E5) (H4)

Die besten Stücke junger Designer: Vom edlen Büchergestell bis zum gestylten Eierköpfer gibt's hier für jeden Zweck und jedes Budget Ausgefallenes zu erstehen. *Josefstr. 36 | www.einzigart.ch | Tram 4, 13: Museum für Gestaltung*

VIADUKT ★ (116–117 C–D4) (G3)

Eine ungewöhnliche und attraktive Ladenzeile bieten die Bogen des Bahnviadukts, der sich durchs Industriequartier Kreis 5 in Richtung Wipkingen zieht und bislang den alten vom neuen Teil des Quartiers trennte. Über 500 m lang ist sie; 64 Läden und Ateliers locken mit trendigen Outfits, vor allem aber mit viel Design und gestyltem Ambiente Kundschaft an. *Viaduktstrasse | www.im-viadukt.ch | Tram 4: Dammweg oder Bahn/Bus: Hardbrücke,*

MÄRKTE

FLOHMÄRKTE ★

Das hiesige Preisniveau schlägt gern auch auf die Flohmärktler durch. Man wähnt sich deshalb gelegentlich eher auf einer Antiquitätenmesse. Dafür findet man aber auch schöne Stücke. *Bürkliplatz* (115 D6) (J6), *Mai–Okt. Sa 7–16 Uhr;* INSIDER TIPP Kanzleiareal (121 E2) (G–H5), *ganzjährig Sa 7–16 Uhr | Kanzleistr. 56 | Tram 8, 32/Bus: Helvetiaplatz*

Edel verpackte Pralinés von Sprüngli

GEMÜSE-/LEBENSMITTELMÄRKTE

Frisches und Eingemachtes aus biologischem Anbau, Fleisch und Fisch und immer mehr Delikatessen gibt es hier: *Bürkliplatz* (115 D6) (J6) *Helvetiaplatz* (121 E1) (G4–5) *(Di, Fr 6–11 Uhr)*, in *Oerlikon* (O) (O) *(Mi 6–11, Sa 6–12 Uhr)*, auf dem *Lindenplatz* in Altstetten (O) (C3) *(Mi 6–11, Sa 6–12 Uhr)*, an der *Milchbuckstrasse* (118 B3) (J2) *(Di, Fr 6–11 Uhr)* und auf der *Rathausbrücke* (115 D4) (J5) *(Sa 6–12 Uhr)*. Eine besonders edle Markthalle mit internationalen Spezialitäten befindet sich am Eingang zum *Viadukt* in Zürich-West (116 C4) (G3). Und im Spezialitätenmarkt *HB* in der großen Halle des Hauptbahnhofs (115 D2) (J4) findet man mittwochs Spezialitäten aus den Regionen und anderen Ländern. Hier decken sich Pendler mit griechischen Oliven, Bündner Fleisch oder Thai-Gewürzmischungen ein *(Hauptbahnhof | Tram: Bahnhofplatz und Bahnhofquai)*.

ROSENHOFMARKT (115 D4) (🗺 *J5*)
Kuriositätenmarkt, der sich von Ständen mit Selbstgemachtem zur Verkaufsshow alternativen Kunsthandwerks gemausert hat. *März–Weihnachten Do 10–20, Sa 10–16 Uhr | im Rosenhof (hinter Limmatquai 72)*

(114 C5) (🗺 *J6*) *www.fabricfrontline.ch | Tram 8, 32: Helvetiaplatz*

FIDELIO (114 C4) (🗺 *J5*)
Hier versorgt sich die junge Szene mit Designerklamotten. *Münzplatz 1 | www.fideliokleider.ch | Tram 6, 7, 11, 13: Rennweg*

Farbenfroh: Designerklamotten von Fidelio

MODE

CHRISTA DE CAROUGE
(123 D6) (🗺 *L8*)
Die weltberühmte Modemacherin mit ihren Lieblingsfarben Schwarz, Schwarz und nochmals Schwarz. Extravagantes Loft in der *Mühle Tiefenbrunnen*. *Seefeldstr. 231 | www.christa-de-carouge.ch | Tram: Tiefenbrunnen*

FABRIC FRONTLINE ★
Elsa, Maya und André Stutz haben den Seidenstoff neu definiert. Sie bedrucken den Stoff im Siebdruck mit bis zu 26 Farben. Die daraus gefertigten Schals und Krawatten sind heute bei den Schönen und Reichen begehrt. *Ankerstr. 118* (121 E1) (🗺 *H4*) *und Bahnhofstr. 25*

HANNES B. (115 D4) (🗺 *J5*)
Anspruchsvolle Männermode und Accessoires des Zürcher Designers Hannes Bühler. Das *Zunfthaus zur Meisen* bildet den passenden Rahmen. *Wühre 2 | www.hannes-b.ch | Tram 4, 15: Helmhaus*

INSIDER TIPP **IDA GUT** (121 E1) (🗺 *H4*)
Ungewöhnliche Schnitte, extravagante Stoffe und schnörkellose Formen sind Ida Guts Markenzeichen. Das edle Geschäft lädt ein zu einer Entdeckungsreise zu neuen modischen Horizonten. *Ankerstr. 112 | Tram 8, 32: Helvetiaplatz*

KÖNIX (114 C3) (🗺 *H–J5*)
Der wahre Schuh-Purismus: Edelturnschuhe in einem kleinen, spartanischen Laden. Ein Muss für Sneaker-Fans. *Stein-*

mühleplatz 1 | www.koenix.ch | Tram 6, 7, 11, 13: Rennweg

LITTLE BLACK DRESS (114 B1) (*H4*)
Das kleine Schwarze, wie es Audrey Hepburn in „Frühstück bei Tiffany" getragen hat, stand am Anfang der Geschäftsidee der Designerinnen Eliane Diethelm und Joanna Skoczylas. Inzwischen gibt's auch extravagante Cocktailkleider und lange Roben, und dies nicht nur in Schwarz; hochwertige Materialien, außergewöhnliche Schnitte. *Josefstr. 45 | www.littleblackdress.ch | Tram 4, 13: Sihlquai*

SECONDHAND

INSIDER TIPP **CARITAS** (116 C4) (*G3*)
Das Hilfswerk Caritas hat einige lohnenswerte Secondhand-Kleiderläden, den schönsten im Viadukt. Das Interieur unter in einem der Bogen des Bahnviadukts gibt dem Laden die Klasse eines Designertempels. Entsprechend erstklassig ist das Sortiment. *Viadukt C | www.caritas-zuerich.ch | Bahn/Bus: Hardbrücke*

RAZZO (115 E4) (*J–K5*)
Modisches, auch neue Stücke, aus illustren Kollektionen. *Rindermarkt 23 | www.razzo2ndhand.ch | Tram 3, 31/Bus: Neumarkt*

ZÜRCHER BROCKENHAUS
(117 E5) (*H4*)
Auf drei Etagen präsentiert sich dieses Brockenhaus fast wie ein normales Warenhaus. *Neugasse 11 | www.zuercher-brockenhaus.ch | Tram 4, 13: Museum für Gestaltung*

UHREN & SCHMUCK

BUCHERER (114 C4) (*J5*)
Spezialist für Rolex-Uhren – die ganze obere Etage ist ihnen gewidmet. Doch auch die Bucherer-Uhren selbst genießen einen hervorragenden Ruf als klassische, elegante und doch gerade noch erschwingliche Luxus-Zeitmesser. *Bahnhofstr. 50 | www.bucherer.ch | Tram 6, 7, 11, 13: Rennweg*

INSIDER TIPP **FRIENDS OF CARLOTTA**
(115 E4) (*K5*)
Über 80 Labels von Schweizer und ausländischen Talenten sind im Angebot von Bruna Hauert, und mit jeder Kollektion wächst die Begeisterung über so viel Kreativität und Ästhetik. Ein Eldorado für SchmuckfreundInnen. *Neumarkt 22 | www.foc.ch | Tram 3: Neumarkt*

TÜRLER (115 D5) (*J6*)
Das traditionsreiche Haus wartet mit einer Sehenswürdigkeit auf: Eine INSIDER TIPP astronomische Uhr zeigt von der Sekunde über die Planetenbahnen alles, was mit Zeit zu tun hat. *Bahnhofstr. 28 | Tram: Paradeplatz*

LOW BUDG€T

▶ Wer Schweizer Schokolade liebt, sollte sich Zeit für einen Ausflug nach Kilchberg nehmen: Im Fabrikladen von *Lindt & Sprüngli* **(124 B4)** (***O***) ist die beste Schokolade der Welt fast um die Hälfte billiger als anderswo. Der Bus 165 ab Bürkliplatz hält direkt vor der Fabrik.

▶ Im *Restseller* in der Bahnhofsunterführung beim Landesmuseum (Rail City) **(115 D2)** (***J4***) werden Bücher aus Restbeständen sowie Bestseller mindestens 30 Prozent günstiger angeboten, darunter auch gute Bücher über Zürich und die Schweiz.

AM ABEND

> **WOHIN ZUERST?**
> Die Dichte an Clubs und Nachtlokalen ist im Hardbrückenquartier am höchsten. Wer lieber eine urige Bar oder ein ruhigere Lounge sucht, ist im Niederdorf und im Oberdorf gut aufgehoben. Über die Bahnhofstrasse bummelt man nachts dagegen nicht zufällig, sondern ganz zielstrebig, auf dem Weg ins hippe Vegetarier-Lokal Hiltl, den James-Joyce Pub, das Carlton, das Tao's oder die Alte Börse. Im Seefeld wiederum dominieren die Restaurants und Bars mit Terrassen, auf denen man bis spätnachts draußen sitzen kann.

Die Limmatstadt ist trendige Kulturmetropole mit unzähligen Bars und Clubs, einer Oper von Weltruf und hochklassigem Theater: Das städtische Kultur- und Nachtleben ist enorm und wächst immer noch weiter. Angefangen hat es mit einer Liberalisierung des Gastronomiegesetzes sowie der strengen Feiertagsregelungen.

Eine inspirierte und innovative Schar Kulturschaffender und junger Unternehmer beschert der Stadt seither immer neue Angebote. Manche sind nur kurzlebig, andere entwickeln sich dauerhaft zu großen Publikumsmagneten. Das vergleichsweise kleine Zürich hat für Kulturhungrige und Nachtschwärmer heute eine Fülle von Bars und Nachtclubs, diverse Theater, eine weltberühmte Oper, 24 Kinos mit 62

Bild: X-tra, Restaurant

Jazz oder Klassik, Theater oder Oper, Kino oder Karaoke? Oder doch lieber abtanzen? In Zürich alles kein Problem

Sälen und über 1300 Restaurants zu bieten. Wer sich einen Überblick über das Vergnügungsangebot verschaffen will, besorgt sich das Magazin „friday" der Gratiszeitung „20 Minuten" oder den „Züritipp" im „Tages-Anzeiger", der am Donnerstag erscheint.

Ausgehmeilen sind das *Niederdorf* (am Central beginnend) und das *Industriequartier Kreis 5* zwischen Limmatplatz und Escher-Wyss-Platz mit dem Kulturzentrum *Schiffbau* als Mittelpunkt und einem immensen Clubangebot.

BARS & LOUNGES

ACAPULCO (117 D5) (*H4*)

Das zweite Wohnzimmer der Zürcher In-People. Kult sind mittlerweile die Sonntagnächte mit Karaoke. *So–Do 15–2, Fr/Sa bis 3 Uhr | Neugasse 56 | www.acapulco.ch | Bus 32: Röntgenstrasse, Tram 4, 13: Limmatplatz*

ACQUA (121 F5) (*H7*)

Eines der wenigen Lokale direkt am See, ideal zum Draußensitzen. Bar und Outdoor Lounge im 1. Stock bieten eine tolle Aussicht auf die Skyline von Zürich. *Tgl. ab 9.30 Uhr | Mythenquai 61 | www.acquaclub.ch | Tram 5, 161, 165/Bus: Rentenanstalt, Schiff: Enge*

Konzerte oder Lesungen, am Sonntagabend mutiert die „Badi" zur Freiluftdisko, wenn auch nur bis 23 Uhr. *Mi/Do, So 20–24 Uhr | Stadthausquai | www.barfussbar.ch | Tram: Bürkliplatz*

Von der Jules-Verne-Bar hat man einen tollen Blick auf die Stadt

INSIDER TIPP BARFLY'Z (114 C6) (🕮 J6)
Die kleine Bar neben dem Kongresshaus ist für viele die erste Adresse, wenn's um gute, preiswerte Cocktails geht. Wer die Cocktails zu Hause nachmachen möchte, kann sich zu einem Cocktailmixkurs anmelden. Sehenswert auch die Toilette in Form einer Steingrotte. *Mo–Mi 8–24, Do 8–1, Fr 8–2, Sa 17–2 Uhr | Gotthardstr. 21 | Tram 7, 13: Stockerstrasse oder Bürkliplatz*

INSIDER TIPP BARFUSSBAR
(115 D5) (🕮 J6)
Im Sommer, wenn die Frauen-Flussbadeanstalt hinter dem Bauschänzli geöffnet ist, wird die hölzerne Insel abends zur Bühne für Genießer: gute Drinks, freundlicher Service, einzigartige Atmosphäre – und natürlich sind zu dieser Stunde auch Männer willkommen. Mittwochs

HARD ONE (116 C3) (🕮 G2)
In der exklusiven Night Lounge auf dem Dach des *Cinemax* genießen die Gäste bei Champagner und Zigarren die tolle Aussicht auf Züri-West. *Di–Do 18–2, Fr/Sa 18–4 Uhr | Heinrichstr. 269 | Tram: Escher-Wyss-Platz*

HELVETIA-BAR (114 B3) (🕮 H5)
Mit über 100-jähriger Geschichte eine von Zürichs ältesten Stehbars am Übergang zum Arbeiterviertel Aussersihl. Mit Terrasse zum Fluss hinaus. *Mo–Do 11.30–2, Fr bis 4, Sa 13–4, So 17–2 Uhr | Stauffacherquai 1 | Tram: Stauffacher*

JOHANNITER (115 E3) (🕮 J5)
Hier gibt's nach Mitternacht das billigste Bier. Vom Bankbeamten bis zum Saufbruder sind alle Sorten illustrer Gäste zu

beobachten. *Tgl. 10–4, Küche bis 3 Uhr | Niederdorfstr. 70 | Tram/Bus: Central*

JULES-VERNE-BAR ★
(114–115 C–D3) (*J5*)
Hoch über den Dächern der Altstadt, im runden Turm unter der Kuppel der Sternwarte beim Drink die Rundsicht genießen. *Mo–Do 11–24, Fr/Sa bis 1, So 15–23 Uhr | Uraniastr. 9 | Lifteingang in Brasserie Lipp | Tram 6, 7, 11, 13: Rennweg*

INSIDER TIPP LA CATRINA
(114 A2) (*G–H4*)
Die Musikbar ist einer der kleinsten Konzerträume. Vielleicht kommt deshalb immer schnell Stimmung auf. Das Lokal ist mit mexikanischem Dekor und Kitsch zugekleistert, es werden über 20 Sorten Tequila angeboten. *Mo, Mi 18–1, Di, Do 19–1, Fr 18–3, Sa 19–3 Uhr | Kurzgasse 4 | www.lacatrina.ch | Tram 8, Bus 32: Helvetiaplatz*

LABOR-BAR (116 C3) (*F–G 2*)
Zumindest vom Fernsehen kennt man die *Labor-Bar:* Hier wird die Talkshow „Aeschbacher" produziert und live ausgestrahlt. Am Wochenende angenehmer Mix aus Lounge, Disko und Bar, wo sich auch ältere Semester wohlfühlen können. Jeden Freitag „Happy Friday": Party für Erwachsene ab 25 Jahren. *Fr ab 22, Sa ab 23 Uhr (● Damen haben vor 23 bzw. 24 Uhr freien Eintritt), bei Konzerten früher, Mi/Do je nach Anlass ab 19 Uhr | Schiffbaustr. 3 | www.labor-bar.ch | Tram 4: Schiffbau*

LONGSTREET BAR (117 D6) (*G4*)
Diese Bar war die erste im Rotlichtbezirk, die vom Striptease-Lokal zum In-Place der Partyszene mutierte, und zwar mitsamt dem roten Samtinterieur. Immer rappelvoll und auch bei den Zürcher Promis beliebt. *Di–Do 20–3, Fr/Sa 20–4, So 20–2 Uhr | Langstr. 92 | www.longstreetbar.ch | Bus 32: Militär-/Langstrasse*

NACHTFLUG (115 D4) (*J5*)
Die schnörkellose Bar mit Café und Lounge ist in einem 700-jährigen Haus untergebracht. Breites Bier und Wein-

MARCO POLO HIGHLIGHTS

★ Jules-Verne-Bar
Überwältigende Sicht über Zürichs Dächer vom Turm der Sternwarte → S. 79

★ Mascotte
Der ewig junge Dinosaurier unter den Nachtclubs → S. 83

★ Odéon
Der Barklassiker mit Jugendstildekor am Bellevue, den schon Lenin schätzte → S. 80

★ Widderbar
Edle Bar im stimmungsvollen Altbau mit tollem Jazz → S. 81

★ Filmpodium
Cineasten-Mekka mit anspruchsvollem Programm → S. 81

★ Opernhaus
Stars und Koryphäen sorgen für Musik und Gesang auf hohem Niveau → S. 81

★ Kaufleuten
Schräge Mischung im klassischen Saal: In-Restaurant, Bar für Voyeure, Disko → S. 82

★ Theaterhaus Gessnerallee
Feste Spielstätte für freie Theatergruppen → S. 83

angebot, klassische Cocktails, keine Alcopops, kein Fassbier. *Tgl. ab 11 Uhr | Stüssihofstatt 4 | Tram: Rathausbrücke*

NIETTURM (116 C3) *(F–G2)*
Sympathisch-coole Bar mit ebensolcher Bedienung im Glaskubus über dem Theater- und Kulturzentrum Schiffbau. *Mi–Sa ab 18 Uhr, Sommerpause Juli/Aug. | Schiffbaustr. 4 | Tram: Schiffbau*

Odéon: gepflegte Getränke in Jugendstilambiente

0815 (114 C2) *(J4)*
Kleiner Treffpunkt nahe dem Hauptbahnhof. Gestylte, aber trotzdem lockere Atmosphäre. Um einen Platz zu finden, braucht man ein wenig Glück. *Mo–Fr 7–24, Sa 9–24 Uhr | Lintheschergasse 23 | Tram: Hauptbahnhof*

ODÉON ★ (115 E5) *(J6)*
Zwar ist das Odéon heute nicht mehr ganz das, was es mal war, als noch keine Apotheke die Hälfte des herrlichen Raums in Beschlag nahm. Dennoch gehört es nach wie vor zu den Klassikern unter den Bars der Stadt. Hier haben sich schon die Dadaisten, die russischen Revolutionäre Trotzki und Lenin und zahllose Literaten kräftig einen hinter die Binde gekippt. Schönes Jugendstildekor – einfach hip! Es gibt auch Plätze draußen. *Mo–Do 7–2, Fr/Sa bis 4, So 8.30 –2 Uhr | Limmatquai 2 | Tram: Bellevue*

INSIDER TIPP **SPHÈRES** (116 C3) *(F2)*
Große Schriftsteller waren oft auch große Säufer. An diese Tradition knüpft die Buchbar *Sphères* an: Zum Trinken darf geblättert werden und umgekehrt. *Mo–Sa 9–24 Uhr | Hardturmstr. 66 | Tram 4: Förrlibuckstrasse*

TAO'S LOUNGE (115 D4) *(J5)*
Das *Tao's* – Restaurant, Bar und Lounge – in einer Seitenstraße der Bahnhofstrasse lockt mit gehobener Fusionsküche und mit einer idyllischen INSIDER TIPP Gartenterrasse, in kälteren und nassen Zeiten bewundert man das edle Interieur und genießt die entspannte Atmosphäre bei dezenter Musik. Im Obergeschoss werden in der *Smoker's Lounge* Zigarren gereicht. *Mo–Sa 12–1 Uhr | Augustinergasse 3 | www.taos-lounge.ch | Tram 6, 7, 11, 13: Rennweg*

JAZZ/LIVEMUSIK

JAZZCLUB MOODS (116 C3) *(F–G2)*
Der Club in Zürich für modernen Jazz und World Music, mit hohem Qualitätsanspruch, ganz gleich, ob es sich um unbekannte Größen oder internationale Stars handelt. *Tgl. | Schiffbaustr. 4 | www.moods.ch | Tram: Schiffbau*

INSIDER TIPP MEHRSPUR
(115 E5) (K6)
Als Musikclub der Zürcher Hochschule der Künste Bühne für Auftritte, Plattform für Austausch und musikalisches Labor. Die Jazzbarrage ist Treffpunkt der jungen Jazzszene, jeden Mittwoch findet eine Jam-Session statt, zu der auch auswärtige Jazz-Interessierte willkommen sind. *Ab 21 Uhr, Sommerpause | Waldmannstr. 12 | www.mehrspur.ch | Tram: Bellevue*

TRATTORIA & SOUL ● (122 C4) (K6)
Zweimal pro Woche wird die italienische Trattoria zu einer Musikbar mit feinstem Jazz-Sound. Vornehmlich schweizerische, aber auch andere Talente zeigen ihr Können – Eintritt frei. Essen und Getränke müssen leider bezahlt werden ... *Do/Fr ab 21 Uhr | Seefeldstr. 5 | Tram 2, 4: Opernhaus*

WIDDERBAR ★ (115 D4) (J5)
Die kleine Bar in einem historischen Altbau bietet jeden Dienstag den ebenso edlen wie intimen Rahmen für Konzerte bekannter Jazzgrößen. Wegen der hohen Eintrittspreise allerdings kein besonders preiswertes Vergnügen. *Tgl. | Rennweg 7 | Tram 6, 7, 11, 13: Rennweg*

KINOS

FILMPODIUM ★ (114 C4) (J5)
Subventioniertes Mekka der Cineasten, das ein anregendes, meist thematisch bestimmtes Programm bietet. *Nüschelerstr. 11 | Tel. 044 2 11 66 66 | Tram 2, 9, 66: Sihlstrasse*

INSIDER TIPP XENIX (121 E2) (G–H5)
Das originellste Kino der Stadt ist in einer umgebauten Baracke untergebracht. Eine eingeschworene Fangemeinde hält den Laden am Laufen. Das Programm wartet mit Streifen auf, die in den kommerziellen Kinos kaum gezeigt werden. Kleine, lange geöffnete Bar. *Kanzleistr. 56 | Programmtel. 044 2 42 04 11 | www.xenix.ch | Tram 8, Bus 32: Helvetiaplatz*

KLASSIK, OPER & BALLETT

OPERNHAUS ★ (115 E6) (K6)
Genießt dank großartiger Aufführungen und internationaler Starbesetzungen für Oper und Ballett Weltruf. *Theaterplatz | Tel. 044 2 68 66 66 | Tram 2, 4: Opernhaus, 11, 15: Bahnhof Stadelhofen*

TONHALLE (114 C6) (J6)
Zürichs erstklassiges Tonhalle-Orchester und internationale Gastorchester konzertieren in dem 1895 eingeweihten, prunkvollen Saal meist unter ebenso erstklassigen Dirigenten. Der reich geschmückte Saal verfügt über eine mächtige Orgel. *Claridenstr. 7 | Tel. 044 2 06 34 34 | www.tonhalle-orchester.ch | Tram: Bürkliplatz*

TANZEN

ADAGIO (114 C6) (J6)
Ein im Stil einer mittelalterlichen Burg gestaltetes Lokal für Romantiker: überschaubare Größe, Musik mit Tanzklassikern aus den Sixties und Seventies und die Lautstärke so, dass man sich neben der Tanzfläche sogar unterhalten kann. *Di 20–open end, Mi/Do 21–open end, Fr/Sa 21–4 Uhr | Gotthardstr. 5 (im Kongresshaus) | www.adagio.ch | Tram: Bürkliplatz*

ALPENROCK HOUSE (O) (O)
Origineller Club mit Restaurant, in dem bei Rock und Pop die Post abgeht. *Fr/Sa 22–5 Uhr | www.alpenrockhouse.ch | S-Bahn: Zürich-Flughafen*

AMBER (115 D2) (J4)
Club mit edlem Dekor für „reifere" Menschen ab 25 Jahren. Mo–Do Bar und

Angesagt: Disko im Kaufleuten-Saal

Lounge mit Speisekarte ab 17 Uhr; Fr/Sa Partys. *Bahnhofquai 15 | www.amberclub.ch | Tram 4, 13, 14: Hauptbhf./Bahnhofquai*

INSIDER TIPP **EXIL** (116 B2) *(Ⓜ E2)*
Ein bunter Mix von Musikgrößen sorgt in dem von außen unscheinbaren Lokal für einen ebenso bunten Mix des Publikums, sodass sich auch ältere Semester hier wohlfühlen. Jeden Dienstag ab 23 Uhr Reggae-Party „Jamaica's Finest", bei der es sich richtig gut abtanzen lässt. *Fr/Sa 23–4 Uhr, andere Tage je nach Konzert, Türöffnung ab 19.30 Uhr | Hardturmstr. 245 | www.exil.cl | Tram 4: Schiffbau*

HÄRTEREI (116 C4) *(Ⓜ F3)*
Großer Club in einer ehemaligen Fabrikationshalle im Trendquartier Zürich-West mit einer breiten Palette von diversen Partys. *Fr/Sa 23–4 Uhr | Hardstr. 219 | www.haertereiclub.ch | Bus/Bahn: Bahnhof Hardbrücke*

HELSINKI (116 C4) *(Ⓜ F–G3)*
Im Club von Tom Rist, dem Bruder der Video-Künstlerin Pipilotti, gibt's viel experimentellen Pop-Sound und Jazz auf die Ohren; außerdem angesagte Partys zu DJ-Musik. *Di 20–1, Do, So 20–2, Fr/Sa 20–3.30 Uhr | Geroldstr. 35 | www.helsinkiklub.ch | Tram 4: Schiffbau*

INDOCHINE (117 D3) *(Ⓜ G2)*
Teure Club-Bar & Cuisine. Der Türsteher achtet auf gehobenes Outfit der Einlass begehrenden Gäste! *Do–Sa ab 22 Uhr | Limmatstr. 275 | www.club-indochine.ch | Tram: Escher-Wyss-Platz*

KAUFLEUTEN ★ (114 C4) *(Ⓜ H–J5)*
Der erste Zürcher Club mit internationaler Ausstrahlung. Im prunkvollen Saal mit viel dunklem Holz und rotem Plüsch wechseln sich diverse Parties ab. Trotz viel Schickimicki immer noch ein In-Place. *Tgl. ab 21 Uhr | Pelikanplatz | www.kaufleuten.com | Tram 2, 9: Sihlporte*

MASCOTTE ★ (115 E6) *(🗺 K6)*
Der Dino der Zürcher Clubs, als Variété 1900 eröffnet. Viel Musik aus den 80ern und 90ern. Wo früher Josephine Baker und Sammy Davis jr. auftraten, geben heute internationale Aufsteiger Konzerte. ● Mo *Cool Monday* bei freiem Eintritt, Di *Karaoke from Hell. Mo–Do ab 22, Fr–So ab 23 Uhr, für Konzerte auch früher | Theaterstr. 10 | www.mascotte.ch | Tram: Bellevue*

X-TRA (117 E5) *(🗺 H3)*
In verschiedenen Sälen gehen heiße Partys und Konzerte über die Bühne. Auch Bar und Restaurant. ● Mo *Cool Monday* bei freiem Eintritt. *Mo–Fr 11.30–14, Mo–Do 17–2, Fr/Sa bis 4 Uhr | Limmatstr. 118 | Tram 4, 13, 32: Limmatplatz*

ZUKUNFT (114 A2) *(🗺 G–H4)*
Wirbt als „Heimat guter Musik" und hat öfters internationale Acts und außergewöhnliche Talente vornehmlich aus der Technoszene. Im Rotlichtquartier. *Geöffnet nach Programm | Dienerstr. 33 | www.zukunft.cl | Tram 8, Bus 32: Helvetiaplatz*

THEATER

BERNHARD-THEATER (115 E6) *(🗺 K6)*
Schwänke mit Volksschauspielergrößen im „Fleischkäse", wie der Bau im Volksmund heißt: Bodenständiges mit Humor. *Theaterplatz 1 | Tel. 044 268 66 99 | www.bernhard-theater.ch | Tram 2, 4: Opernhaus*

SCHAUSPIELHAUS (115 F5) *(🗺 K5–6)*
Diese Bühne war während des Zweiten Weltkriegs die einzige Sprechbühne deutscher Sprache, auf der ein freies Wort gesprochen werden durfte. Seit 2001 besitzt das Schauspielhaus mit dem *Schiffbau* eine attraktive Zweitbühne *(Schiffbaustrasse | Tram: Escher-Wyss-Platz). Heimplatz | Tel. 044 258 70 70 | www.schauspielhaus.ch | Tram: Kunsthaus*

THEATER AM HECHTPLATZ
(115 E5) *(🗺 J6)*
Kleine Bühne (ca. 250 Plätze) für Kabarett, Chansons, Lesungen oder Märchenaufführungen. *Hechtplatz 7 | Tel. 044 252 32 34 | www.theaterhechtplatz.ch | Tram: Bellevue*

THEATER AM NEUMARKT
(115 E4) *(🗺 K5)*
Mutiges Haus, das sich auch an Umstrittenes wagt. *Neumarkt 5 | Tel. 044 267 64 64 | www.theaterneumarkt.ch | Tram 3, 31/Bus: Neumarkt*

THEATERHAUS GESSNERALLEE ★
(114 B–C3) *(🗺 H5)*
Platz für Experimente in ehemaligen Stallgebäuden der Armee. Dem einstigen Provisorium sicherte eine Volksabstimmung die Existenz als Spielort für freie Gruppen. Restaurant *Reithalle. Gessnerallee 8 | Tel. 044 225 81 10 | www.gessneralle.ch | Tram 3, 14, 31, Bus: Kaserne*

LOW BUDG€T

▶ Die Gratiszeitung „20 Minuten" berichtet über das Nachtclubleben der Stadt. Die Clubs danken es der Zeitung mit der regelmäßig stattfindenden *Clubbers Night:* Für CHF 25 lassen sich diverse Clubs am Event-Abend besuchen – und ein Gratis-Pendelbus bringt einen im 20 Min.-Takt von einem Lokal ins andere. Daten der Clubbers Nights und Liste der Clubs: *www.20min.ch/ausgehen*

▶ Die VIP-Clubbing-Pauschale mit VIP-Zutritt zu zehn Clubs und Übernachtung kostet ab CHF 104. *www.zuerich.com/clubbing*

ÜBERNACHTEN

In Zürich hat das Hotelgewerbe eine lange Tradition, in über 160 Häusern stehen mehr als 18 000 Betten zur Verfügung, pro Jahr werden rund 2 Mio. Übernachtungen gezählt. Das Savoy am Paradeplatz war das erste echte Hotel; der Boom gegen Ende des 19. Jhs. brachte ein paar prächtige Hotelpaläste hervor.

Die Etablissements neueren Datums sehen entweder aus wie das *Hotel Swissôtel Zürich* in Oerlikon oder das *Zürich Marriott Hotel* hinter dem Bahnhof: geradlinig in den Himmel gebaut, dafür mit grandioser Aussicht. Oder aber in funktionaler Blockbauweise wie das *Inter-Continental* oder das *Park Hyatt*.

Viel Geld in Hotels loszuwerden ist in Zürich kein Problem. Die Wirtschafts- und Finanzmetropole Zürich hält für ihre betuchten Gäste diverse Luxusherbergen bereit, allen voran das weltbekannte Grandhotel *Dolder* in herrlicher Lage über der Stadt, in dessen Präsidialsuite die Staatsgäste absteigen. Auch die Mittelklassehäuser werden auf hohem Standard geführt, der Service ist ausgesprochen gut. Zum Standard gehören Bad oder Dusche und eigenes WC, Radio- und TV-Geräte und oft ein eigenes Telefon. Die meisten Hotels im unteren Preissegment sind ebenfalls moderne Betriebe, ruhig und angenehm.

Wer seine Unterkunft nicht schon von zu Hause gebucht hat, dem steht im Hauptbahnhof die Hotelvermittlung des Tourist Office zur Verfügung, bei der man sich informieren und ein Zimmer reservieren

Bild: Hotel Eden au Lac

Die Schweizer Hotellerie genießt einen hervorragenden Ruf, auch günstige Etablissements pflegen einen gehobenen Standard

kann. Oder aber man bezieht beim Verkehrsbüro ein Hotelverzeichnis. Wer mit dem Auto nach Zürich reist, sollte sich vorher bei den Hotels in der Innenstadt nach Stellplätzen erkundigen. In den zentralen Innenstadtbereichen gibt es wenig und daher nur teuren Parkraum.

HOTELS €€€

CENTRAL PLAZA (115 E2) *(J4)*
Dank seiner stattlichen Größe beherrscht das renovierte Hotel den Central-Platz. Die Lage ist exzellent, mit Blick – zumindest von den oberen Zimmern – auf beinahe die gesamte Altstadt und die Limmat. *100 Zi. | Central 1 | Tel. 044 2 56 56 56 | www.central.ch | Tram/ Bus: Central*

FLORHOF ★ (115 F4) *(K5)*
In einem alten Patrizierhaus, in dem Zürichs erster Millionär, ein Seidenfabrikant, gewohnt hat, verbirgt sich zwischen Konservatorium und Gericht der ruhige, charmante Florhof mit Garten-

terrasse und Gourmetrestaurant. *35 Zi. | Florhofgasse 4 | Tel. 044 2 61 44 70 | www.romantikhotels.com/zuerich | Tram/Bus: Kunsthaus*

INSIDER TIPP **GREULICH**
(116 C6) (*M G4*)
Etwas außerhalb des Zentrums gelegen, bietet das Greulich gutes Design und hervorragenden Komfort zu angemessenem Preis. Beliebte Bar, trendiges Restaurant. *18 Zi. | Hermann-Greulich-Str. 56 | Tel. 043 2 43 42 43 | www.greulich.ch | Tram 8, Bus 31: Bäckeranlage*

INSIDER TIPP **HELVETIA**
(114 B4) (*M H5*)
Zentral gelegenes Boutiquehotel mit Kunst aus dem benachbarten Haus Konstruktiv über der Kultbar *Helvti*. *14 Zi., 2 Ap. | Stauffacherquai 1 | Tel. 044 2 97 99 99 | www.hotel-helvetia.ch | Tram: Stauffacher*

RENAISSANCE ZURICH TOWER HOTEL (116 B4) (*M F3*)
Das Hotel ist zwar nicht so hoch wie der benachbarte *Prime Tower*, doch in den oberen der 14 Etagen genießt man einen tollen Rundblick. Unter deutschem Management und inmitten des Trendquartiers gelegen. *252 Zi., 48 Sui. | Turbinenstr 20 | Tel. 044 630 30 30 | www.marriott.de | Tram 4: Technopark*

SEEGARTEN ★ (122 C4) (*M K7*)
Nahe Opernhaus und Seepromenade bietet das geschmackvoll eingerichtete, von einem jungen Team geführte Hotel sehr schöne Zimmer. Tipp: **INSIDER TIPP** Zimmer A, eine wunderschöne Juniorsuite im Dachgeschoss. Im Erdgeschoss das *Latino*, ein In-Restaurant mit mediterraner Küche. *28 Zi. | Seegartenstr. 14 | Tel. 044 3 88 37 37 | www.hotel-seegarten.ch | Tram 2, 4: Kreuzstrasse*

Gemütliche Suite im Dachgeschoss: Hotel Seegarten

SONNE ★ (124 B4) (*M O*)
Wer den See in vollen Zügen genießen will, logiert in der *Sonne* in Küsnacht: Traditionshaus mit prächtigen Sälen, Gourmetrestaurant, modernen Zimmern und Kursschiff nach Zürich vorm Haus. Tipp: Maisonettezimmer im Dachgeschoss. *37 Zi. | Seestr. 120 | Küsnacht | Tel.*

044 9 14 18 18 | www.sonne.ch | S-Bahn: Küsnacht

SWISSÔTEL ZÜRICH (0) (*0*)
Elegantes Viersterne-Haus in Oerlikon. Vom Schwimmbad im Spa auf der 32. Etage hat man einen tollen Blick über die Stadt und auf die Alpen. *344 Zi. | Am Marktplatz | Tel. 044 3 17 31 11 | www.swissotel.com | Tram 10, 11, 14: Bahnhof Oerlikon*

ZÜRICHBERG ★ (119 E5) (*M3*)
Hotel mit architektonisch interessantem Neubau in bester Lage oben über der Stadt am Waldrand mit Sicht auf die Alpen. Schlicht, aber warm eingerichtete Zimmer. Gute, kreative Küche. Terrasse, Garten. Zoo zu Fuß erreichbar. *67 Zi. | behindertengerecht | Orellistr. 21 | Tel. 044 2 68 35 35 | www.zuerichberg.ch | Tram 6, 39: Zoo*

ZUM STORCHEN ★ (115 D4) (*J5*)
Als einziges Hotel der Stadt liegt das *Storchen* direkt an der Limmat. Man sitzt im ersten Stock auf der Terrasse direkt am Wasser. Das traditionsreiche Haus (seit 650 Jahren an dieser Stelle!) sorgt mit gediegenem Interieur für Gemütlichkeit; der Service ist erstklassig. Auch das Restaurant genießt einen hervorragenden Ruf. *73 Zi. | Weinplatz 2 | Tel. 044 2 27 27 27 | www.storchen.ch | Tram 4, 15: Rathaus*

HOTELS €€

ALTSTADT (115 E5) (*J6*)
Sympathische Mischung aus Eleganz und familiärer Atmosphäre in einem Haus aus dem 14. Jh.; im Parterre schöne Bar. *23 Zi. | Kirchgasse 4 | Tel. 044 2 50 53 53 | www.hotel-altstadt.ch | Tram 4, 15: Helmhaus*

COMFORT INN ROYAL
(118 B6) (*J–K4*)
Mit Zimmern verschiedener Preisklassen; ganz toll die Panoramasuite und die INSIDER TIPP Juniorsuite mit Dampfbad im Dachgeschoss. *70 Zi. | Leonhardstr. 6 |*

MARCO POLO HIGHLIGHTS

★ **Florhof**
Stilvolle Oase der Ruhe und des Genusses inmitten der Stadt → S. 85

★ **Seegarten**
Elegant, erschwinglich, mit In-Restaurant „Latino" → S. 86

★ **Sonne**
Wohnen und genießen am See, mit Schiffsanleger vor dem Haus → S. 86

★ **Zürichberg**
Elegante Wohnkultur und die Alpen im Blick → S. 87

★ **Zum Storchen**
Gediegenes, traditionelles Haus an der Limmat mit Altstadtsicht → S. 87

★ **Rössli**
Synthese aus Alt und Neu – trendiges Haus, tolle Dachsuite mit eigener Dachterrasse → S. 89

★ **Justinusheim**
Billiges Bett im Studentenwohnheim mit bester Aussicht vom Zürichberg → S. 90

★ **Zic Zac Rock-Hotel**
Günstig, und das mitten im Zentrum des Zürcher Nachtlebens → S. 91

Tel. 044 2 66 59 59 | www.comfortinn.ch | Tram 6, 7, 10, 15: Haldenegg

LIMMATBLICK (115 D3) *(🕮 J5)*
Schönes, modern gestyltes Haus in zentraler Lage. *14 Zi. | Limmatquai 136 | Tel. 044 2 54 60 00 | www.limmatblick.ch | Tram: Central*

NI-MO (122 C4) *(🕮 K6–7)*
Bed-and-Breakfast ist eine freundliche Untertreibung für dieses Angebot im Seefeldquartier: Alle Zimmer im edel und modern renovierten Altbau verfügen über Dusche, WC, TV und WLan. Der Frühstücksraum kann tagsüber als Lounge genutzt werden, Kaffee und Tee sind gratis. *10 Zi. | Seefeldstr. 16 | Tel. 044 370 30 30 | www.ni-mo.ch | Tram 2, 4: Kreuzstrasse*

NOVOTEL ZÜRICH-WEST
(116 C3) *(🕮 F2)*
Günstiger Viersterne-Komfort in Zürichs Trendquartier, dem Industrieviertel, in Gehweite zu diversen Szenelokalen, Puls 5 und dem Schiffbau. Mit Schwimmbad, Fitnessstudio und Tiefgarage. *142 Zi. | Schiffbaustr. 13 | Tel. 044 2 76 22 22 | www.novotel.com | Bus/S-Bahn: Hardbrücke*

LUXUSHOTELS

Baur au Lac ✲ **(115 D6)** ***(🕮 J3)***
150-jähriges Traditionshaus mit wunderschönem Garten, der fast bis zum See reicht. Im Sommer wird dort von befracktem Personal das Frühstück serviert, und in der Marmorhalle des Biedermeierbaus trifft sich eine illustre Gästeschar aus aller Welt. Ab 550 Euro/DZ. *125 Zi. | Talstr. 1 | Tel. 044 2 20 50 20 | www.bauraulac.ch*

The Dolder Grand ✲ **(123 F2)** ***(🕮 N5)***
Exklusiver geht's nicht. Im majestätischen Jugendstilbau pflegen die Staatschefs und VIPs der oberen Klasse abzusteigen. Einmalige Lage hoch über der Stadt. Das Hotel ist im Frühling 2008 als City Resort mit zwei Neubauten und Spa wiedereröffnet worden. *173 Zi. | Kurhausstr. 65 | Tel. 044 4 56 60 00 | www.thedoldergrand.ch*

Eden au Lac ✲ **(122 B4)** ***(🕮 K7)***
Prunkvoll die Fassade, und innen geht's im gleichen Stil weiter. Die ✲ seeseitigen Zimmer bieten eine einmalige Sicht auf See und Stadt. Ab 431 Euro/DZ. *56 Zi. | Utoquai 45 | Tel. 044 2 66 25 25 | www.edenaulac.ch*

Savoy Baur en Ville (114 C5) ***(🕮 J6)***
1975 wurde das Hotel abgerissen und 1978 mit den alten Fassaden neu aufgebaut. Das Savoy verfügt wohl über die exklusivste Lage, beherrscht seine Fassade doch stolz die gesamte Ostseite des renommierten Paradeplatzes. Ab 520 Euro/DZ. *112 Zi. | Am Paradeplatz | Tel. 044 2 15 25 25 | www.savoy-baurenville.ch*

Widder (115 D4) ***(🕮 J5)***
Nahe der Bahnhofstrasse in acht historischen Altstadthäusern untergebracht; mit allem Komfort. Alle Zimmer haben ihr eigenes Flair. In der hoteleigenen Bar jeweils dienstags Konzerte mit bekannten Jazzgrößen. Ab 480 Euro/DZ. *49 Zi. | Rennweg 7 | Tel. 044 2 24 25 26 | www.widderhotel.ch*

Altes Haus, junges Interieur – die Lobby des Statthotels

RÖSSLI ★ (115 E5) *(🗺 J6)*
In einer kleinen Oberdorfgasse hat sich dieses architektonisch interessante Haus versteckt: Bei der Renovierung wurden gekonnt moderne Elemente mit uralter Bausubstanz kombiniert. Alle Zimmer haben einen individuellen Touch. *27 Zi. | Rössligasse 7 | Tel. 044 2 56 70 50 | www.hotelroessli.ch | Tram: Helmhaus*

SCHEUBLE (115 E3) *(🗺 J5)*
Die Zimmer des Dreisterne-Hauses sind von der Innenarchitektin Pia Schmid gestaltet, das Restaurant *Tagliatelle* bietet beste Pasta, und das Hotel liegt mitten im Zentrum. Bei Online-Buchung gibt's Rabatt. *Mühlegasse 1 | Tel. 044 2 68 48 00 | www.scheuble.ch | Tram 4, 15: Rudolf-Brun-Brücke*

INSIDER TIPP STATTHOTEL
(115 D4) *(🗺 J5)*
Kein durchgehend besetzter Empfang und kein Restaurant, dafür Nespressomaschine und (auf Wunsch gefüllter) Kühlschrank in jedem der modernen Zimmer im 500-jährigen Haus in toller Lage. *12 Zi., 1 App. mit Terrasse | Schneggengasse 8 | Tel. 043 2 68 59 30 | www.statthotel.ch | Tram 4, 15: Rathaus*

WALHALLA (114 C1) *(🗺 J4)*
Näher am Hauptbahnhof geht nicht: Nur ein paar Schritte sind es zum gepflegten Dreisternehaus. Und im *Walhalla Guesthouse* im Nebengebäude sind Zimmer mit Dusche und WLan sogar für unter 100 Euro zu haben. *48 Zi. | Limmatstr. 5 | Tel. 044 4 46 54 00 | www.walhalla-hotel.ch | Tram 4, 13: Sihlquai*

HOTELS €

CITY BACKPACKER HOTEL BIBER
(115 E3) *(🗺 J5)*
Zentral gelegenes Hotel für junge Leute und Familien; Duschen auf dem Gang. Mehrbettzimmer 35 CHF pro Person und Nacht, auch Einzel- und Doppelzimmer. *16 Zi. | Niederdorfstr.*

5 | Tel. 044 2519015 | www.citybackpacker.ch | Tram/Bus: Rudolf-Brun-Brücke

ETAP (116 C3) *(🗺 F2)*
Mitten im trendigen Stadtteil Zürich-West gelegen, ist dieses Haus die ideale Adresse für preisbewusste Besucher, die gerne zu Fuß nach Hause gehen. *160 Zi. | Technoparkstr. 2 | Tel. 044 2762020 | www.etaphotel.com | Tram: Technopark*

Die Wüste-Bar des Hotels Otter in der Altstadt

IBIS (116 C3) *(🗺 F2)*
In der Nähe des Schiffbaus, also zentral in Zürich-West, am Wochenende fast so günstig wie das zur selben Gruppe gehörende *Etap. 155 Zi. | Schiffbaustr. 11 | Tel. 044 2762100 | www.ibishotel.com | Tram: Technopark*

JUSTINUSHEIM ★
(118 C4) *(🗺 K–L3)*
Auf dem Zürichberg, mit Sicht auf Stadt und See, hält das Studentenwohnheim immer 15 Zimmer für Touristen frei. In den Semesterferien werden weitere Zimmer vergeben; mit Kochgelegenheit. *Ab 5 Zi. | Freudenbergstr. 146 | Tel. 044 3613806 | Seilbahn Rigiblick: Endstation*

MARTAHAUS (115 E3) *(🗺 J5)*
Nahe beim Hauptbahnhof bietet dieses schlichte Hotel 1-, 2- und 3-Bett-Zimmer und Schlafkojen in 6-Bett-Zimmern zu 40 CHF; Etagenbad. Ein Pluspunkt ist die Dachterrasse. *95 Betten | Zähringerstr. 36 | Tel. 044 2514550 | www.martahaus.ch | Tram/Bus: Central*

MERCURE STOLLER (116 A–B6) *(🗺 E4)*
Das *Stoller,* das zur Mercure-Kette gehört, bietet gepflegte, ruhige und günstige Zimmer über dem Restaurant, das seit Jahrzehnten für seine Eiskreationen berühmt ist. Etwas außerhalb. *Badenerstr. 358 | Tel. 044 4054747 | www.accorhotels.com | Tram 2, 3: Albisriederplatz*

OASE (122 C2) *(🗺 L5)*
Das nikotin- und alkoholfreie evangelische Jugendwohnhaus bietet günstige

Gästezimmer mit ein und zwei Betten. *5–15 Zi. | Freiestr. 38 | Tel. 044 2 67 35 35 | www.oase-zh.ch | Tram 3, 8: Hottingerplatz*

OTTER (115 E5) (*K6*)
Ein Hotel für Junge und Junggebliebene in der Altstadt; große Zimmer, Etagenbad und *Wüste-Bar*. *16 Zi. | Oberdorfstr. 7/ Weite Gasse 10 | Tel. 044 2 51 22 07 | www.wueste.ch | Tram: Bellevue*

ROTHAUS (114 A1) (*G–H4*)
Mitten im Ausgehquartier an der Langstrasse gelegen, moderne, gestylte Zimmer hinter der Backsteinfassade. Im ruhigen Dachgeschoss gibt's zwei mit Kochnische, INSIDER TIPP eines davon sogar mit Balkon, zu sehr fairen Preisen. Die Hotelbar ist abends auch ein Quartiertreffpunkt. *43 Zi. | Sihlhallenstr. 1 | Tel 043 322 10 50 | www.hotelrothaus.ch | Bus 31: Militär-/Langstrasse*

ST. JOSEF (115 E3) (*K5*)
In ruhiger Lage direkt über dem Niederdorf liegt dieses günstige Hotel mit schlicht, aber komfortabel eingerichteten Zimmern (mit Kühlschrank) und dem gut frequentierten Restaurant *Time Out* mit schöner Gartenanlage. *45 Zi. | Hirschengraben 64/68 | Tel. 044 370 30 30 | www.st-josef.ch | Tram: Central*

ZIC ZAC ROCK-HOTEL ★
(115 D4) (*J5*)
Zentral, günstig, bequem und gut – das modern eingerichtete Haus mitten im Niederdorf lässt beim jungen Publikum kaum Wünsche offen: Neben Einzel- und Doppelzimmern gibt's günstige Drei-, Vier- und Fünfbettzimmer mit oder ohne eigenes Bad, aber auch eine Juniorsuite. Zum Haus gehören das indische Restaurant *Khan's* und das *Zic Zac Dörfli* mit Rockmusik, Snacks und amerikanischer Küche. *42 Zi. | Marktgasse 17 | Tel. 044 2 61 21 81 | www.ziczac.ch | Tram 4, 15: Rathaus*

JUGENDHERBERGE

Im 2-Bett-Zimmer mit eigener Dusche/WC kostet die Nacht mit Mitgliedskarte 64 CHF pro Person, im 4-Bett-Zimmer 48,50 CHF. *290 Betten | Mutschellenstr. 114* (O) (*O*) *| Tel. 043 3 99 78 00 | www.youthhostel.ch | Tram 7: Morgenthal, Bus: Jugendherberge*

COUCHSURFING

Auch in Zürich gibt es immer mehr Anhänger des INSIDER TIPP Couchsurfings: Viele mehrheitlich junge Zürcher bieten ihr Sofa im Internet gratis zum Übernachten an. Fotos, Beschreibungen und Referenzen im Netz sorgen für Vertrauenswürdigkeit. *www.couchsurfing.ch*

LOW BUDG€T

▶ Im Sommer ist der *Campingplatz Seebucht* eine schöne Alternative für Preisbewusste. Die Anlage am See bietet Platz für 300 Gäste, gute sanitäre Anlagen, Grillplätze und ein Restaurant, und mit dem Bus sind es nur wenige Minuten bis ins Zentrum. *Mai–Sept. | Tel. 044 4 82 16 12 | Seestr. 559 | Bus 161, 165*

▶ Die *Swiss Budget Hotels* – in Zürich der *Kronenhof*, der *Limmathof*, das *Hotel Villette* und das *Hotel Regina* – bieten Zimmer zum Lastminutepreis von CHF 49,50 pro Person und Nacht (ohne Frühstück) an. Buchung übers Internet: *www.rooms.ch*

Bild: Schaufenster von Beyer Chronometrie in der Bahnhofstrasse

STADTSPAZIERGÄNGE

Die Spaziergänge sind im Cityatlas, in der Faltkarte und auf dem hinteren Umschlag grün markiert

1 FRAUEN AUF DER BAHNHOFSTRASSE

Zürichs Luxusmeile einmal anders gesehen: ein zweistündiger Spaziergang mit frauengeschichtlichem Hintergrund.

Der Hauptbahnhof ist nicht nur der Ausgangspunkt für einen Spaziergang durch die weltbekannte **Bahnhofstrasse** → S. 36, sondern war auch der Ankunftsort mancher berühmter Frauen. Nadeschda Krupskaia und Lenin kamen 1916 hier an, die Exilantinnen Else Lasker-Schüler, Erika Mann, Therese Giehse, Jo Mihaly taten es ihnen in den folgenden Jahren gleich. Heute steigen vor allem Pendler und Touristen im Hauptbahnhof aus, biegen in der Bahnhofshalle rechts ab und gelangen so auf Zürichs berühmteste Straße.

Interessanterweise birgt die Bahnhofstrasse allerlei Geschichten – dieses Mal über Frauen –, die nicht auf den ersten Blick ersichtlich sind. Wer unter den prächtigen Linden seewärts flaniert, wird sich kaum vorstellen können, dass dies um 1830 die „mindere Stadt" war – eine von mittelalterlichen Häusern und Plätzen geprägte Kleinstadt mit stinkenden Abwassergräben, die die gesamten Abfälle und Fäkalien des Quartiers in die Limmat führten, wo flussaufwärts wiederum die Waschweiber ihrer Arbeit nachgingen.

Heute bestimmt ein gänzlich anderes Frauenbild die Gegend: bestgekleidete Geschäftsfrauen, Gattinnen viel verdie-

Durch die Bahnhofstrasse, die Limmat entlang, zum Zoo auf dem Zürichberg und auf die Blüemlisalp

nender Bankiers und Manager, aber auch zahlreiche andere Frauen, die sich's einfach leisten können, tun sich dort gütlich und kaufen zum Beispiel den traumhaften Antikschmuck des Juweliers **Hofmann**, schöne Kleider bei **Feldpausch**, dessen moderne Fassade die gleichnamige Bauherrin durchgesetzt hat, Artikel für den stilvollen, gehobenen Haushalt bei **Rosenthal**, edle Schuhe bei **Bally**. Im unteren Teil der Straße, wo sich neuerdings auch diverse Billigkleiderläden niedergelassen haben, werden heute auch Mädchen und junge Frauen mit weniger prall gefüllten Portemonnaies schnell fündig.

Die Gegend lädt aber nicht nur zum Shopping ein, sondern schreibt auch Zürcher Frauengeschichte der selbstbewussten Art. Auf den Spuren weiblicher Anwesenheit im öffentlichen Raum könnte der Spaziergang hier kurz unterbrochen werden: Vor dem renovierten Bally links abbiegend erreicht man den Rennweg. Dort ist das Schuhgeschäft **Dosenbach** ansässig. Dieses wurde 1880 –

die Bahnhofstrasse war noch längst nicht fertig gestellt und der Sprung ins soeben entstehende Geschäfts- und Verwaltungsviertel noch äußerst gewagt – von Franziska Dosenbach eröffnet und von ihrer Tochter Johanna geleitet. Nach dem frühen Tod ihres Mannes war sie

Die Ganymed-Skulptur am Bürkliplatz schuf Hermann Hubacher 1952

gezwungen, allein für sich und ihre 13 Kinder zu sorgen. Sie entwickelte sich zu einer äußerst erfolgreichen Geschäftsfrau, die bis ins hohe Alter die Fäden des weit verzweigten Geschäfts fest in ihren Händen hielt.

Auf dem Hügel oberhalb des Rennwegs liegt der INSIDER TIPP *Lindenhof,* auf dem Zürichs furchtlose Frauen 1291 als Männer verkleidet das österreichische Heer in die Flucht schlugen. Zurück auf der Bahnhofstrasse, ist es heute kaum mehr vorstellbar, dass an diesem properen Ort Frauen und Männer einst ihre Notdurft im Freien verrichteten. 1850 wurde solches Handeln unter Strafe gestellt. Aus „ästhetischen und aus sitten- und gesundheitspolizeilichen Gründen" wurde 1893 auf dem heutigen **Bürkliplatz** → S. 39 die erste öffentliche Bedürfnisanstalt für Frauen errichtet. Für Frauen des Bürgertums, die sich damals und heute in der **Confiserie Sprüngli** → S. 72 am Paradeplatz treffen, war diese Einrichtung allerdings nicht gedacht, obwohl sie die Einzigen gewesen wären, die sich die hohe Benutzungsgebühr seinerzeit hätten leisten können. Es mussten noch einige Jahre vergehen, bis sich der Stadtrat dazu entschloss, in den öffentlichen Bedürfnisanstalten je eine WC-Schüssel unentgeltlich zur Verfügung zu stellen. Heute ist dieser eigentlich selbstverständliche Service allerdings vielerorts wieder kostenpflichtig.

Dies und vieles mehr an Frauengeschichte(n) hat die Stadt zu bieten. Der *Verein Frauenstadtrundgang* führt regelmäßig frauengeschichtliche Stadtrundgänge durch und ruft damit die verdrängte Geschichte des weiblichen Geschlechts wieder ins Gedächtnis. *www.femmestour.ch | Vorverkauf: Buchhandlung Klio | Zähringerstr. 41 | Tel. 044 2514212 | Preis 20 CHF*

2 AUSSICHTSREICHER UMWEG ZUM ZOO

Der mit guten Verpflegungsmöglichkeiten gespickte und aussichtsreiche Spaziergang für einen Nach- oder Vormittag kann gut mit einem Besuch im Zoo kombiniert bzw. abgeschlossen werden.

Die **Standseilbahn Rigiblick** → S. 56 bringt Sie vom Rigiplatz den steilen **Zürichberg** hinauf zur Endstation – vorbei an Villen und Gärten, mit Einblicken in Küchen und Stuben. Oben angekommen, ist vielleicht schon Kaffee und Kuchen angesagt, was auf der großzügigen Terrasse des **Restaurants Rigiblick** – 100 m links der Bergstation – mit herrlichem Blick über die ganze Stadt vorzüglich mundet. Als Verdauungsspaziergang gestaltet sich in der Folge die kleine Wanderung, für die Sie erst der Susenbergstrasse, dann links dem Spyristieg folgen, um dann den Waldrand entlangzupilgern, hoch über Zürich und mit entsprechender Aussicht in das industrialisierte Limmattal, gen Westen über diverse Hügelketten und bei klarem Wetter auf die verschneiten Berner und Zentralschweizer Alpen.

Nach ca. 30 Minuten taucht rechts das INSIDER TIPP *Hotel Zürichberg* → S. 87 auf, dessen Terrasse und Küche um das leibliche Wohl besorgt sind. Dank seines spiralförmigen Neubaus bietet das Hotel auch etwas für Architekturinteressierte. Nach weiteren 10 Minuten erreichen Sie den **Zoo** → S. 57, der auf jeden Fall einen Besuch wert ist. Kurz vorher trifft der Weg auf die Endstation der Tramlinien 6 und 5, die Sie schnell wieder in die Stadt zurückbringen. Zuvor sollten Sie aber auf der Dreiwiesenstrasse ein Stück weit geradeaus gehen. Nach wenigen Schritten ist dort linker Hand der monumentale **Hauptsitz der FIFA**, des Weltfußballverbands, zu sehen. Der 2007 eingeweihte, stolze 160 Mio. CHF teure gläserne Prunkbau der Architektin Tilla Theus wird in Anlehnung an den FIFA-Präsidenten Sepp Blatter auch „Palazzo Blatter" genannt.

3 ENTLANG DER LIMMAT IN DEN WESTEN

Verbinden Sie doch einmal das Sightseeing mit Baden im Fluss! Diesen zweistündigen Spaziergang (ca. 5 km) bekommen Sie unter dem Titel „Unterwegs entlang der Limmat" von der App „Züriplan" präsentiert, aber natürlich können Sie ihn auch ohne digitale Anleitung unternehmen.

Der Spaziergang beginnt am **Platzspitz** → S. 41 hinter dem Landesmuseum, der Anlage, die als *Needle Park* berühmt wurde, heute aber eine friedliche grüne Oase für Einheimische und Reisende vom nahen Hauptbahnhof ist. An ihrem Ende, wo Limmat und Sihl zusammenfliessen, steht das Jugendzentrum *Dynamo* mit einem Gartencafé am Wasser, und da ist auch schon der erste Einstieg in den Fluss möglich. Wer noch bis zum **Flussbad Oberer Letten** vorgeht, kommt in den Genuss, sich nach dem Bad auf einem Holzrost an der Sonne trocknen lassen zu können. 400 m zieht sich die Anlage beidseits des Kanals hin, der die Hälfte des Flusses einem Wasserwerk zuführt, auf der rechten Seite locken ein langer Holzrost und eine Bar.

Insgesamt 16 Sehenswürdigkeiten auf der Route werden in der App beschrieben, ein paar weitere gibt's unbeschrieben dazu. Unterhalb des EWZ-Unterwerks etwa sieht man von dem Lettenviadukt auf das kleinere, romantischere **Flussbad Unterer Letten** → S. 49 am Ende des Kanals hinunter, und die bläuliche Glasfassade des **Prime Towers** → S. 52, des höchsten Gebäudes der Schweiz, rückt erstmals ins Blickfeld. Von hier aus wirkt es gar nicht so hoch. Die Route führt dann geradewegs zur Markthalle des **Viadukts** → S. 73, die den Anfang der ebenso trendigen wie vielfältigen Ladenzeile im Bahnviadukt markiert. Kunstfreunde werden am Löwenbräu-Areal keine 100 m weiter einen Zwischenhalt einlegen. Da sind das **Migros Museum** → S. 51 und verschiedene namhafte Privatsammlungen und Galerien untergebracht.

Über den Escher-Wyss-Platz und die Brücke geht es nach Wipkingen und weiter am Wasser entlang. Auch hier laden breite Ufertreppen zum Fluss- und Sonnenbad ein. Dann wechselt man die Flusseite wieder, um die moderne Großsiedlung **Limmatwest** und die **Brenoulli-Häuser** von nahe zu bewundern. Wer bis zur nächsten Brücke am rechten Ufer bleibt, sieht die Bauten aber auch und findet erst noch alle Hundert Meter eine kleine Treppe zum Fluss hinunter sowie lauschige Ecken am Ufer. Unterhalb des **Hardturms** kann man wieder ans andere Ufer wechseln, um dann die nächste Brücke zur **Schule am Wasser** zu nehmen. Die letzte Sehenswürdigkeit des Spaziergangs, das **Grundwasserfeld**, ist die gigantische Sportanlage Hardhof. Hier besteigen Sie schließlich das Tram 4, das Sie zum Zentrum zurückbringt.

Alternativ können Sie die Tour aber auch auf die lockere Art – auf dem Fahrrad – absolvieren. Die ganze Strecke lässt sich gut radelnd zurücklegen, die vorhandenen Treppen haben Velorampen. Das passende Rad dazu gibt's gratis gleich um die Ecke, an der *Velostation HB Nord* neben dem Landesmuseum, am Rande des Platzspitz.

Mit dem Tram fahren Sie vom Hardhof zurück ins Zentrum

4 AUFSTIEG ZUR BLÜEMLISALP

Auf dieser kleinen Rundreise verlassen Sie ausnahmsweise das Zürcher Stadtzentrum und erleben Sie die schöne Sonnenseite des Zürichsees, verbunden mit einem etwas ausgedehnteren Spaziergang zu einem typischen Landrestaurant echt Schweizer Prägung.

Mit der Forchbahn (einer Straßenbahn) fahren Sie ab Bahnhof Stadelhofen über Kreuzbühl- und Forchstrasse bis zur Station **Forch**, dem eigentlichen Ausgangspunkt des Spaziergangs. Folgen Sie den gelben Schildern, die nach Erlenbach, dem Ziel des Ausflugs, weisen. Schon nach einer Viertelstunde tut sich eine Variante auf: Im Weiler **Wangen** beginnt das **Küsnachter Tobel** (Tobel werden hierzulande schluchtartige Täler mit einem Bach genannt), das sich gut 6 km weit bis nach Küsnacht am See hinunterzieht und mit einem lauschigen Weg erschlossen ist.

Der Weg findet auf einem Straßenstück seine Fortsetzung und biegt nach einer Brücke über ein Rinnsal ab: links am Weiler Limberg vorbei, leicht Haken schlagend durch einen lichten Wald zur Straße, wo zwei Schilder den Weg nach Erlenbach weisen. Sie halten sich an die Variante links, die ein Stück die Straße entlang und – gemäß einer fast in den Baum eingewachsenen Tafel – zur **Kittenmühle** führt. Den Anfang des Erlenbacher Tobels durchqueren Sie vorerst und gelangen über eine Alpwiese zu einer uralten Eiche, an deren Fuß Bänke dazu einladen, den herrlichen Blick über den See auf die voralpine Hügellandschaft zu genießen.

In wenigen Minuten erreichen Sie die INSIDER TIPP *Blüemlisalp:* eine Alp mit zugehöriger Genossenschaft und einem schönen Restaurant urschweizerischen Zuschnitts, das schmackhafte Landspezialitäten serviert *(Do–Sa und Mo 9–0.30, So 10–22 Uhr | €€€)*. Im Sommer stehen auf dem Vorplatz Tische und Bänke zum Essen, Mosttrinken und In-der-Sonne-Sitzen.

Frisch gestärkt, machen Sie sich wieder auf Richtung Erlenbach. Durch das schon erwähnte Erlenbacher Tobel gelangen Sie vorbei an malerischen kleinen Wasserfällen und skurrilen Steinformationen, über schmale Stege und Brücken hinweg langsam zur Goldküstengemeinde **Erlenbach**, einem bevorzugten Wohnort für Leute mit besser gepolstertem Geldbeutel. Von dort bringt Sie die Bahn S 6 bzw. S 16 in 15 Minuten rasch wieder nach Zürich zurück.

Es sei denn, Sie wählen (im Sommer) die attraktivere Variante mit dem Schiff über den See. Unmittelbar neben dem stilvollen Anlegeplatz lädt die auf den See hinausragende, verglaste Terrasse des *Seerestaurants Schönau (tgl. 8–24 Uhr | €€)* zum „Zvieri" (kleiner Nachmittagsimbiss) ein. Die Fahrt mit dem Schiff zurück an den Bürkliplatz in Zürich versetzt einen dann gänzlich in andere, südlich anmutende Gefilde: Der Blick auf die überbaute Goldküste – wie das rechte, sonnenbeschienene und eben eher teure Pflaster bezeichnenderweise genannt wird – sowie die stattlichen Bürohäuser und schönen Hotelpaläste eingangs Zürich weckt schon fast Erinnerungen an mediterrane Ferienerlebnisse.

Bahnhof Stadelhofen, mit der Forchbahn bis Forch (mittags alle 15 Min., Fahrzeit 21 Min.) | Spaziergang resp. Wanderung je nach Schrittlänge und Pausen: 1,5–3 Std. | Schiff Erlenbach–Zürich, Fahrzeit ca. 30 Min. Am günstigsten für diesen Ausflug ist eine ZVV-Tageskarte für vier Zonen; sie kostet 16 CHF pro Person.

MIT KINDERN UNTERWEGS

Zürich ist kinderfreundlich: Die Restaurants und Hotels bieten Kindermenüs und oft Gratissirup, die großen Museen Kinder- und Familienführungen an. In den Parks können sich die Kids auf großen Spielplätzen austoben. Nur ganztägige Kinderbetreuung gibt's für Touristenkinder noch nicht. Nachfolgend ein paar besonders kindergerechte Verkehrsmittel, Museen und Läden.

AHA (115 E4) (*🕮 J–K5*)
Der kleine Laden in der Altstadt ist ein Paradies für all jene, die sich von physikalischen Phänomenen und lehrreichen Spielereien begeistern lassen. An Hunderten von Objekten gibt's verschiedenste optische Täuschungen, Tricks und Gaukeleien auszuprobieren und die eigenen Fähigkeiten zu testen. Ein Aha-Erlebnis jagt dabei das andere. *Di–Fr 13–18.30, Sa 10–16 Uhr | Spiegelgasse 14 | Tram 3: Neumarkt*

KINDERMUSIKLADEN
(115 D–E5) (*🕮 J6*)
Das Musikgeschäft Hug hat am Limmatquai betreibt einen auf Kinderhände ausgerichteten Instrumentenladen, in dem sich die verschiedenen Klangkörper ausprobieren lassen – von der Blockflöte über den afrikanischen Djembe bis zur klingenden Kugelbahn. *Mo–Fr 9–18.30, Sa 9–17 Uhr | Laternengasse 5 | Tel. 044 2 69 41 41 | Tram: Rathaus*

LIMMATSCHIFFE ★ ● (115 D1) (*🕮 J4*)
Zürichs Brücken einmal von unten zu sehen ist mit den Limmatschiffen möglich. Die für Zürich typischen, niedrigen Flussschiffe pendeln von April bis Oktober zwischen dem Landesmuseum (Platzspitz) und dem Seebecken hin und her und bieten eine bei Kindern besonders beliebte andere Perspektive auf die Stadt. *Abfahrt alle 30 Min. | Infos: Tel. 044 4 87 13 33 | www.zsg.ch*

INSIDER TIPP **NORDAMERIKA NATIVE MUSEUM NONAM** (0) (*🕮 O*)
Das Indianermuseum im Seefeldquartier ist ein Muss für Familien mit Jungs. Die Sammlung zeigt über 2000 Gegenstände der Indianer und Inuit Nordamerikas wie Kleider, Decken, Schmuck, Masken oder Kultgegenstände sowie kolorierte Stiche des berühmten Kunstmalers Karl Bodmer. *Di–Fr 13–17, Sa/So 10–17 Uhr, jeden 1. Mi des Monats bis 20 Uhr | Eintritt CHF 12, Kinder 4, Familien 20 | Seefeldstr. 317 | www.indianermuseum.ch | Tram 2, 3, Bus 33: Tiefenbrunnen*

Schiffstouren, Tiere, Indianer, Spielzeug, Musikinstrumente: Zürich hat auch seinen kleinen Gästen viel zu bieten

RADDAMPFER (115 D6) *(🗺 J6)*
Vom Bürkliplatz aus bietet die Zürichsee-Schiffahrtsgesellschaft 90-minütige und halbtägige Rundfahrten mit dem Raddampfer an. Abends laufen die Schiffe zu verschiedenen Partys oder als BBQ-, Oldies- oder Fondueschiff aus. Ein besonderes Erlebnis sind die beiden historischen Raddampfer „Stadt Zürich" und „Stadt Rapperswil", die bei schönem Wetter im Einsatz sind. *Info (tgl. ab 7.30 Uhr): Tel. 044 4 87 13 21*

ZOOLINO/NATURWERKSTATT
(119 F5) *(🗺 N3)*
Im Zoo liegt vor der *Masoala-Halle,* die mit ihrem von allerlei exotischem Getier bewohnten tropischen Regenwald selbst schon eine echte Attraktion ist, das große Areal des *Zoolino* und der Naturwerkstatt. Es besteht aus einem Streichelzoo sowie einer Werkstatt, in der es um Bauernhoftiere und Wildtiere im Siedlungsraum geht. Die Fledermausausstellung zeigt die Aktivität der Tiere in der Abenddämmerung, ein Naturlabyrinth aus Holzstapeln sowie ein großer Spielplatz mit natürlichem Mobiliar ergänzen das Angebot. *Jeden 1. Mi im Monat 14–16 Uhr Werk- und Bastelkurs | Treffpunkt Zooeingang | Anmeldung nicht eforderlich | Tram 5: Zoo*

ZÜRCHER SPIELZEUGMUSEUM
(115 D3) *(🗺 J5)*
Nur fürs Auge, aber dafür umso üppiger ist die beeindruckende Sammlung von Franz Carl Weber im Dachgeschoss eines Altstadthauses: Mehrstöckige Puppenhäuser, Eisenbahnanlagen, Baukästen, Puppen und vieles mehr – eben alles, wovon Kinder vor dem Einzug des Kunststoffs und der Elektronik ins Kinderzimmer träumten und was sie manchmal wohl auch bekamen. Der Museumshop verkauft Holzspiele, das nahe Geschäft von F. C. Weber *(Kidstown)* alles, was Kinder sich sonst so wünschen. *Mo–Fr 14–17, Sa 13–16 Uhr | Eintritt frei | Fortunagasse 15 | Tram 6, 7, 11, 13: Rennweg*

EVENTS, FESTE & MEHR

Die größten Feste Zürichs könnten unterschiedlicher nicht sein. Da ist zum einen das ▶ *Sechseläuten* im Frühling, das zurückgeht auf die mächtigen Handwerkerzünfte im 14. Jh., und zum anderen die ▶ *Streetparade* im Sommer, einer der weltweit größten Technoumzüge schrill kostümierter Raver. Freies Theaterschaffen wird beim ▶ *Theater Spektakel* auf der Landiwiese präsentiert, und beim traditionellen ▶ *Knabenschiessen*, an dem – ganz zeitgemäß – nun auch Mädchen teilnehmen dürfen, interessiert vor allem die gigantische ▶ *Chilbi*, ein Rummelplatz mit den neuesten Attraktionen.

FEIERTAGE

1. Jan. *Neujahr;* **2. Jan.** *Berchtoldstag; Karfreitag; Ostermontag;* **1. Mai** *Tag der Arbeit; Himmelfahrt; Pfingstmontag;* **1. Aug.** *Nationalfeiertag;* **25./26. Dez.** *Weihnachts- und Stephanstag.* Beim *Sechseläuten* und beim *Knabenschiessen* schließen die Geschäfte um 12 Uhr.

FESTE & VERANSTALTUNGEN

JANUAR

▶ ***Art on Ice:*** Show mit tollen Eiskunstläufern im Hallenstadion. *www.artonice.ch*

FEBRUAR

▶ ***Zürcher Fasnacht:*** „Guggenmusiken", Maskenbälle und ein Umzug

APRIL

▶ ★ ***Sechseläuten*** (am 3. Mo): Fest der Zünfte in historischen Kostümen. Zum Schluss wird am Bellevue der „Böögg", ein Papp-Schneemann, verbrannt

MAI

▶ ***Zirkus Knie:*** Einen Monat lang gastiert der Schweizer Nationalzirkus auf der Sechseläuten-Wiese. *Vorverkauf: Tel. 09000 800 800 (*)*

JUNI

▶ INSIDER TIPP ***Festival Tropical Caliente:*** Europas wichtigstes Festival für südamerikanische Musik. *www.caliente.ch*

JUNI/JULI

▶ ***Zürcher Festspiele:*** Sonderaufführungen in der Oper, in Theatern und Konzertsälen sowie ● im Freien auf dem Münsterplatz. *www.zuercher-festspiele.ch*

JULI

▶ ★ ***Züri-Fäscht:*** Alle drei Jahre (2013, 2016 etc.) findet ein gigantisches, dreitägiges Fest mit riesigem Feuerwerk statt

Von traditionell bis schrill: Umzug der Zünfte, Knabenschießen, Streetparade, Leichtathletik, Kino am See und ein Theaterspektakel

JULI/AUGUST

▶ ***Kino am See, am Fluss, am Berg:*** Leinwände stehen am Zürichhorn im Wasser, an der Limmat in der Badeanlage, auf dem Uetliberg hoch über der Stadt – Openairkino überall

AUGUST

▶ ★ ***Streetparade:*** Der schillernde Technoumzug zieht jedes Jahr mehr als eine halbe Million Raver an. *www.streetparade.ch*

▶ ***Weltklasse Zürich:*** Leichtathletik-Meeting im Stadion Letzigrund, stets gut besetzt mit internationalen Stars. *www.weltklassezuerich.ch*

▶ ★ ***Zürcher Theater Spektakel:*** großes internationales Treffen freier Theatergruppen und vieler Straßenkünstler auf der Landiwiese am Seeufer. *www.theaterspektakel.ch*

SEPTEMBER

▶ ***Knabenschiessen:*** der älteste Zürcher Brauch, bei dem sich die 12- bis 16-jährigen Knaben und (und mittlerweile auch) Mädchen der Stadt im Wettschießen mit dem Gewehr messen

▶ ***freestyle.ch:*** internationaler Snowboard-, Skateboard- und BMX-Event, mit Show-Offs der Szenestars

OKTOBER

▶ ***Oktoberfest:*** Im Biergarten *Bauschänzli,* der Insel in der Limmat, findet weithin sicht- und hörbar das Zürcher Oktoberfest statt. *www.bauschaenzli.ch*

NOVEMBER

▶ INSIDER TIPP ***Expovina***: Weinausstellung mit Degustationen auf am Bürkliplatz vertäuten Zürichsee-Schiffen

DEZEMBER

▶ ***Circus Conelli:*** Der poetische Winterzirkus gastiert jedes Jahr auf dem Bauschänzli

▶ ***Silvester:*** An den See- und Limmatufern wird das neue Jahr begrüßt; großes Feuerwerk im Seebecken

ICH WAR SCHON DA!

Drei User aus der MARCO POLO Community verraten ihre Lieblingsplätze und ihre schönsten Erlebnisse

ÜBER DIE MÜNSTERBRÜCKE

Die Münsterbrücke ist der älteste noch erhaltene Limmatübergang und verbindet die beiden namensgebenden Kirchen Grossmünster und Fraumünster. Von dort aus hatte ich einen schönen Blick auf die Altstadt. Nicht weit entfernt von der Münsterbrücke, am rechten Limmatufer, liegt in der Münstergasse am Hirschenplatz das Schweizer Spezialitäten-Restaurant *Adler's Swiss Chuchi*. Zum Essen gab es „Adler-Hausfondue", kerniges Raclette oder knuspriges Rösti. Im Sommer kann man unter freiem Himmel die Schweizer Küche genießen und das Geschehen in der Fußgängerzone der Altstadt beobachten. **karli98 aus Himberg**

HOTEL ALDEN

Unseren Kurzurlaub in Zürich verbrachten wir im *Hotel Alden Splügenschloss (www.alden.ch)*. Das kleine 5-Sterne-Hotel liegt zentral, aber ruhig. Die Mitarbeiter waren sehr zuvorkommend, das Frühstücksbüfett ausgezeichnet! Wir hatten eine großzügige, edel eingerichtete Suite – ein Märchenschloss, wie man sich's nur wünschen kann! **Faszination aus Stuttgart**

SCHIFF, AHOI!

Während meines Aufenthalts in Zürich machte ich eine Rundfahrt über den Zürichsee. Angeboten werden Touren verschiedener Länge; ich entschied mich für eine lange. Während mir der Fahrtwind durch die Haare wehte, genoss ich den Anblick des tollen Ufers mit den schönen Villen. **BigPic09 aus Stuttgart**

Haben auch Sie etwas Besonderes erlebt oder einen Lieblingsplatz gefunden, den nicht jeder kennt? Gehen Sie einfach auf www.marcopolo.de/mein-tipp

EIGENE NOTIZEN

LINKS, BLOGS, APPS & MORE

LINKS

▶ www.marcopolo.de/zuerich Alles auf einen Blick zu Ihrem Reiseziel: Interaktive Karten inklusive Planungsfunktion, Impressionen aus der Community, aktuelle News und Angebote ...

▶ www.zuri.net Ein digitaler Zürich-Führer, der nur aus Kommentaren besteht, dazu ein *Slängikon,* um sich auch sprachlich auf das Zürcher Publikum einzustimmen

▶ www.spottedbylocals.com/zurich Seite, auf der vornehmlich junge Einwohner von Städten in aller Welt ebendieser kundtun, warum es sich lohnt, in ihre Stadt zu reisen. In Zürich sind noch nicht so viele Locals aktiv, dafür mit ganz schön vielen Tipps

▶ www.partyguide.ch/index.php?Region=Zuerich Auf dieser regionalen Seite von *partyguide.ch* sind immer die aktuellsten Veranstaltungshinweise und News aus der Partywelt zu finden, dazu Tipps und Kommentare der Online-Redaktion über Trouvaillen im www

BLOGS & FOREN

▶ bloggingtom.ch Der bekannteste Blogger der deutschsprachigen Schweiz mit über 1600 Lesern jeden Tag schreibt über alles, was einen urbanen, in Zürich lebenden Menschen bewegt

▶ www.chic-und-schlau.ch Mirjam Herms ist professionelle Bloggerin und schreibt täglich über Lifestyle, Mode und alles, was die junge, in Zürich lebende Frau beschäftigt. Ein Hochgenuss für moderne Frauen!

▶ www.bloggwiese.ch Seit elf Jahren wohnt Jens-Rainer Wiese mit seiner Familie in der Schweiz, seit geraumer Zeit schon bloggt er über die Unterschiede zwischen deutscher und Schweizer Kultur und über alles, was ihm als Deutschem an der Schweizer Kultur auffällt, gefällt oder eben auch missfällt. Manchmal wichtig, manchmal auch etwas banal, aber immer amüsant

Egal, ob Sie sich vorbereiten auf Ihre Reise oder vor Ort sind: Mit diesen Adressen finden Sie noch mehr Informationen, Videos und Netzwerke, die Ihren Urlaub bereichern. Da manche Adressen extrem lang sind, führt Sie der kürzere mp.marcopolo.de-Code direkt auf die beschriebenen Websites

VIDEOS, STREAMS & PODCASTS

▶ mp.marcopolo.de/zue1 Der schönste Videofilm von Zürich – und Links auf weitere Filme und Filmchen über die Limmatstadt

▶ mp.marcopolo.de/zue2 Film über den Monday-Night-Skate, aber auch Filmchen über den Witz der Zürcher Bevölkerung, die neuste Kunstaktion oder das Kajaktraining der Junioren in der Limmat, alles bei *züritv*, allerdings fast alles in Schweizerdeutsch

▶ mp.marcopolo.de/zue3 Bei den Verkehrsbetrieben der Stadt Zürich gibt's schöne Podcasts zum Herunterladen. „Geld und Geist": individuelle Tour per Tram zum Thema Geld. „Züri Schlaflos": Wer sich nicht entscheiden kann, schüttelt sein Smartphone, und nach dem Zufallprinzip wird ihm je nach Tageszeit ein Restaurant oder eine Bar vorgeschlagen

APPS

▶ ZüriPlan Die nächste Haltstelle für den ÖV, den schnellsten oder schönsten Weg dorthin zeigt die App der Stadt Zürich mit Karte oder Luftbild. Dazu den Stadtplan von 1793 oder 1900, Routenplaner und 18 individuelle Themenspaziergänge

▶ Peakfinder Wollen Sie wissen, wie die Berge heißen, die von der Quaibrücke aus bei schönem Wetter so nahe wirken? Einfach die App öffnen und das Gerät Richtung Berge halten, und schon erscheint das Panorama mit den Namen der Gipfel

▶ City Guide Zürich Gratis-App von Schweiz Tourismus, die eine sehr gute Karte mit allen Sehenswürdigkeiten verbindet und Infos zu Restaurants, Führungen, Ausflügen und Veranstaltungen liefert

▶ Travel Guide Zürich Die MARCO POLO-App auf Ihrem Smartphone leitet auch ohne Internetverbindung und Stadtplan zuverlässig durch den Großstadtdschungel

NETWORK

▶ www.housetrip.com Hier kann man die eigene Wohnung vermieten und als Besucher der Stadt eine solche finden. Für Zürich ist das Angebot noch überschaubar

▶ www.lonelyplanet.com/thorntree Englischsprachiges Netzwerk mit einer umtriebigen Community. Hilfreicher Erfahrungsaustausch. Einfach „Switzerland" anklicken und „Zurich" eingeben

PRAKTISCHE HINWEISE

ANREISE

Zürich ist aus allen Richtungen und – mit Ausnahme der Morgen- und Abendstunden – meist ohne Stau über diverse Autobahnen gut zu erreichen.

Zürich ist auf der Schiene von ganz Europa aus sehr gut erreichbar. Der Hauptbahnhof liegt mitten im Zentrum, und dank der perfekten öffentlichen Verkehrsmittel ist ein zügiges Weiterkommen garantiert. Auch Taxis stehen immer genügend zur Verfügung. Rail Service: *Tel. 09 00 30 03 00 (*) | www.sbb.ch*

Der Flughafen Zürich-Kloten wird von Lufthansa, Austrian Airlines, Air Berlin, Niki und vielen weiteren Fluggesellschaften angeflogen. Unter dem Check-In 3 (Zugang über Terminal 2 und 1) liegt der Flughafenbahnhof, von dem Züge im 10-Min.-Takt nach Zürich verkehren. Die einfache Strecke kostet 6,40 CHF. Für eine Fahrt mit dem Taxi in die Innenstadt müssen Sie mit 40–50 CHF rechnen.

APOTHEKEN

BELLEVUE-APOTHEKE
(115 E6) *(K6)*
24 Stunden geöffnet | Theaterstr. 14 | Tel. 044 2 66 62 22

APOTHEKE HAUPTBAHNHOF
(115 D2) *(J4)*
Großes Drogerie- und Parfümerieangebot. *Tgl. 7–24 Uhr | im Hauptbahnhof | Tel. 044 2 25 42 42*

AUSKUNFT

SCHWEIZ TOURISMUS
Kostenloses Servicetel. für Informationen und Hotelbuchungen. *Mo–Fr 8–18 Uhr | Tel. 08 00 10 02 00 30 | www.myswitzerland.com*

ZÜRICH TOURISMUS/ TRAVEL SERVICE (115 D2) *(J4)*
Beratung und Verkauf von Ausflügen | im Hauptbahnhof | Mai–Okt. Mo–Sa 8–20.30, So 8.30–18.30, Nov.–April Mo–Sa 8.30–19, So 8.30–18.30 Uhr | Tel. 044 2 15 40 00 | www.zuerich.com

HOTELRESERVATION
Bei Zürich Tourismus am Schalter oder tel. unter 044 2 15 40 40 (erreichbar Mo–Fr 8–19, Sa/So 8–12 und 13–17 Uhr) | hotel@zuerich.com

GRÜN & FAIR REISEN

Auf Reisen können auch Sie mit einfachen Mitteln viel bewirken. Behalten Sie nicht nur die CO_2-Bilanz für Hin- und Rückflug im Hinterkopf *(www.atmosfair.de)*, sondern achten und schützen Sie auch nachhaltig Natur und Kultur im Reiseland *(www.gate-tourismus.de; www.zukunft-reisen.de; www.ecotrans.de)*. Gerade als Tourist ist es wichtig, auf Aspekte zu achten wie Naturschutz *(www.nabu.de; www.wwf.de)*, regionale Produkte, Fahrradfahren (statt Autofahren), Wassersparen und vieles mehr. Wenn Sie mehr über ökologischen Tourismus erfahren wollen: europaweit *www.oete.de*; weltweit *www.germanwatch.org*

Von Anreise bis Zoll

Urlaub von Anfang bis Ende: die wichtigsten Adressen und Informationen für Ihre Zürich-Reise

AUTO

Die Höchstgeschwindigkeit beträgt in der Schweiz innerorts 50, auf Landstraßen 80, auf Autobahnen 120 km/h. Das Überschreiten der Tempolimits wird mit hohen Geldbußen geahndet. Die Promillegrenze liegt bei 0,5. Eine Autobahngebühr muss in Form einer Vignette für 40 CHF (für ein Kalenderjahr) entrichtet werden, auch für Anhänger. Sie ist an der Grenze, bei Postämtern und bei allen Autoclubs erhältlich und muss sichtbar an der Frontscheibe befestigt sein.
Die Pannenhilfe erreichen Sie unter *Tel. 140;* Infos zum Straßenzustand: *Tel. 163.* In der Innenstadt von Zürich empfiehlt es sich, die sehr guten öffentlichen Verkehrsmittel zu benutzen. Parkplätze sind rar und alle gebührenpflichtig. Zürich hat ein Parkleitsystem, das die jeweils freien Plätze in den Parkhäusern anzeigt.

BAHNEN

Die Schweizerischen Bundesbahnen (SBB) unterhalten das nach Japan zweitdichteste Bahnnetz der Welt. Es gibt diverse Sondertarife: *Halbtax-Abonnement:* einen Monat alle Fahrten zum halben Preis für 110 CHF. *Swiss Pass:* freie Fahrt auf allen Bahn-, Bus- und Schiffslinien, Straßenbahnen in 35 Städten (auch Zürich). Wahlweise für 4, 8, 15, 22 Tage oder 1 Monat, 266 bis 590 CHF. Auskunft: *Rail-Service | tgl. 24 Stunden | Tel. 09 00 30 03 00 (*)*

BANKEN & GELD

Die meisten Banken sind Mo–Fr von 8.15–16.30 Uhr, der Geldwechsel im Hauptbahnhof tgl. von 6.15–22.45 Uhr geöffnet. An allen Bank- und Postgeldautomaten kann man mit EC/Maestro-Karte, Kreditkarte oder Postcard Bargeld beziehen, zum Teil auch wahlweise in Euro. In vielen Geschäften wird der Euro als Zahlungsmittel akzeptiert, das Rückgeld bekommen Sie dann aber in CHF.

WÄHRUNGSRECHNER

€	CHF	CHF	€
1	1,21	1	0,83
2	2,42	2	1,66
3	3,63	3	2,49
4	4,84	4	3,32
5	6,05	5	4,15
7	8,47	7	5,81
8	9,68	8	6,64
9	10,89	9	7,47
10	12,10	10	8,26

EINREISE

Die Schweiz ist Teil des Schengenraums. Für Bürger der EU genügt zur Einreise in die Schweiz ein gültiger Personalausweis.

FUNDBÜRO

STÄDTISCHES FUNDBÜRO
(115 D3) (*J5*)
Werdmühlestr. 10 | Mo–Fr 7.30–18.30 Uhr | Tel. 044 4 12 25 50 | Tram 3, 10, 14, Bus 31: Bahnhofplatz

Das Fundbüro der Stadt betreibt zusammen mit den städtischen Verkehrsbetrieben eine Such-Meldeplattform im Internet: *www.fundbüro.ch.*

FUNDBÜRO DER BAHN
(115 D2) (J4)
Im Hauptbahnhof | Mo–So 8–19.45 Uhr | Tel. 09 00 30 03 00 (*)
Auch die SBB betreiben eine Such-Meldeplattform für verlorene Gegenstände im Internet *(www.sbb.ch/bahnhof-services// dienstleistungen/fundbuero.html).* Die Verlustmeldung ist dort kostenlos, am Schalter und über das Telefon kostet sie 15 CHF.

GEPÄCK

Als Flugreisender können Sie Ihr Gepäck bis zum Hauptbahnhof spedieren lassen und es bei der Abreise auch dort wieder aufgeben (20 CHF pro Gepäckstück). Sie können 24 Stunden vor Abflug einchecken. *Gepäckaufgabe und Fly-Gepäck: Tel. 05 12 22 29 04 | tgl. 7–19.45, So ab 8 Uhr. Gepäckausgabe: Tel. 05 12 22 29 03 | tgl. 9–19.45 Uhr*

INTERNET

Flächendeckendes öffentliches WLan ist in Zürich erst projektiert, höchst umstritten und auf ein paar Plätze sowie auf Läden und Gastronomiebetriebe beschränkt. Eine aktuelle Liste aller Hotspots gibt's unter *www.swiss-hotspots.ch.* Eine gute Übersicht für Besucher bietet die Internetseite des Tourismus-Büros: *www.zuerich.com.* Die Stadt präsentiert sich auf *www.stadt-zuerich.ch* mit vielen Infos zu Sport und Kultur. Die Adresse für den Abend ist *www.zueritipp.ch* – von Restaurants bis zu Kinos und Theatern sind alle Adressen und Veranstaltungen hier zu finden. Infos zur „Partystadt" findet man auf *www.usgang.ch* und *www.tilllate.ch;* dort werden u.a. Fotos von Partybesuchern veröffentlicht – ein Stück nette, voyeuristische Unterhaltung.
Gastronomie, Unterhaltung: *www20min.ch/friday; www.gastro-tipp.ch*
Veranstaltungen:
www.starticket.ch; www.ticketcorner.ch
Unterkunft:
www.bnb.ch (Bed-and-breakfast); *www.zuerich.com*
Wetter: *www.wetter.ch*

INTERNETCAFÉS

Die Hochblüte der Webcafés ist definitv vorüber. Inzwischen haben selbst einfa-

KICKEN, RENNEN, REITEN

Die beiden Fußballclubs, die Grasshoppers und der FCZ (Fussballclub Zürich) im neu erbauten Letzigrundstadion, sind zwar nicht so berühmt wie die von Manchester oder Mailand. Doch wenn die beiden Stadtrivalen gegeneinander antreten, ist das Stadion bis auf den letzten Platz besetzt. Für die anderen Spiele, auch die internationalen, gibt's meist an der Stadionkasse noch Tickets. Infos: *www.gcz.ch | www.fcz.ch.* Tickets auch im *Kaufhaus Jelmoli*, im *Billettservice an der Löwenstr. 35* und im *Ticketcorner* an der *Bahnhofstr. 9 (www.ticketcorner.ch)*. Ebenfalls im Letzigrund-Stadion findet jeweils im August die Leichtathletik-Veranstaltung *Weltklasse Zürich* statt *(www.weltklassezuerich.ch)*. Im Hallenstadion messen sich im Januar beim *CSI (Concours de Saut International)* die weltbesten Springreiter *(www.mercedes-csi.ch)*.

che Hotels eine Internetecke oder WLan, damit die Gäste schnell mal ihre Mails abrufen oder im Web surfen können. In der Passage des Hauptbahnhofs stehen diverse Internetkonsolen, wo man sich für etwas Kleingeld einloggen kann. Mit den großen Plätzen, dem Bahnhof-, Parade- und Bürkliplatz sowie dem Bellevue und den umliegenden Etablissements ist zudem quasi die ganze Innenstadt mit WLan ausgerüstet. Die aktuelle Liste aller Hotspots: *www.swisshotspots.ch.*

E-CAFÉ URANIA (114 C3) (*Ⓜ J5*)
Hier stehen 27 PCs mit der üblichen Software für 0,30 CHF pro Minute (für die ersten 10 Min.) zur Verfügung. *Mo–Fr 7–23, Sa 8–23, So 10–22 Uhr | Uraniastr. 3 | Tel. 044 2 10 33 11 | www.cafe.ch | Tram 4, 15: Rudolf-Brun-Brücke*

NOTRUF

Polizei: 117 | Feuerwehr: 118 | Sanitäter: 144 | Erste Hilfe: 044 3 60 44 44 | Ärztezentrale: 044 2 69 69 69 | Notruf für vergewaltigte Frauen: 044 2 91 46 46 | Tierärztlicher Notdienst: 044 6 35 81 14

ÖFFENTLICHE VERKEHRSMITTEL

Eine einzelne Kurzstreckenfahrt mit dem Tram und dem Bus kostet 2,50 CHF, eine über 5 Stationen 4 CHF. Eine Tageskarte (24. Std. gültig) kostet 8 CHF. Viel günstiger ist die *ZürichCard* für 20 CHF: Sie berechtigt zu Fahrten auf Bahn, Bus, Tram, Schiff, Seilbahn oder Standseilbahn im ganzen Verkehrsverbund in und außerhalb der Stadt während 24 Stunden, inkl. der Fahrt zum Flughafen. Außerdem gewährt sie freien Eintritt in 40 Museen und einen Welcome Drink in diversen Restaurants. 40 CHF kostet die *ZürichCard* für 72 Stunden.

WAS KOSTET WIE VIEL?

Kaffee	**2,40–2,70 Euro** *Café crème*
Bier/Wein	**2,20–5 Euro** *für ein Glas Bier/Wein*
Pralinen	**4,50 Euro** *für 40 g VIP, Nr. 1 von Sprüngli*
Essen	**12–17 Euro** *für ein Mittagessen*
Parken	**2,40 Euro** *pro Stunde*
Tramfahrt	**1,45 Euro** *für eine Kurzstrecke*

POST

Briefe und Postkarten in Europa mit Priority: 1,30 CHF mit Economy (etwas langsamer): 1,20 CHF, übriges Ausland: 1,80/1,40 CHF

SIHLPOST (HAUPTPOST)
(114 C2) (*Ⓜ H4*)
Mo–Fr 6.30–22.30, Sa 6.30–20, So 11–22.30 Uhr | Kasernenstr. 95/97 (beim Hauptbahnhof) | Tel. 0848 84 84 42

PREISE & WÄHRUNG

Schweizer Franken (CHF) gibt es in Münzen zu 1, 2 und 5 Franken sowie zu 5, 10, 20 und 50 Rappen (1 Franken = 100 Rappen). Banknoten existieren in Werten zu 10, 20, 50, 100, 200 und 1000 Franken. Zürich gehört zu den teuersten Städten Europas. Eine Stange Bier gibt es für 3,50 bis 4,50 CHF, ähnlich teuer ist ein Mineralwasser. Die Preise schwanken je nach Lage und Art des Lokals erheblich. Mietwagen gibt es ab 30 CHF/Tag (exklusive Kilometer). Ein Kinobesuch kostet 13–18 CHF (am Mo 13 CHF in allen Kategorien), die teuerste Opernkarte kostet 320 CHF, bei kleineren Konzerten kommt man für rund 20 CHF rein. Ein Päckchen Zigaretten schlägt mit 7,60 CHF zu Buche.

SPORT

Das Sportamt der Stadt Zürich informiert auf seiner Website ausführlich über alle Sport- und Trainingsmöglichkeiten: *www.sportamt.ch.*

STROM

Die Stromspannung in der Schweiz ist dieselbe wie in den Nachbarländern, die Stecker unterscheiden sich aber von denen in Deutschland. Adapter sind in den größeren Hotels und Elektrogeschäften erhältlich.

TAXI

Taxifahren ist teuer; der Grundpreis beträgt 6 CHF, jeder Kilometer kostet 3,80 CHF, die Wartestunde 69 CHF. *Alpha Taxi: Tel: 044 777 77 77 | Taxi Jung: Tel: 044 271 11 88 | Taxi 444: Tel: 044 444 44 44 | 7x2AG: Tel: 044 222 22 22 | Behindertentransport: Tel: 044 444 22 11*

TELEFON & HANDY

In der ganzen Schweiz muss auch bei Ortsgesprächen die Vorwahl mitgewählt

WETTER IN ZÜRICH

	Jan.	Feb.	März	April	Mai	Juni	Juli	Aug.	Sept.	Okt.	Nov.	Dez.
Tagestemperaturen in °C	2	5	10	15	19	23	25	24	20	14	7	3
Nachttemperaturen in °C	–3	–2	1	4	8	12	14	13	11	6	2	–1
Sonnenschein Stunden/Tag	2	3	5	6	7	7	7	7	6	3	2	2
Niederschlag Tage/Monat	11	10	9	11	12	13	13	13	10	10	10	10
Wassertemperaturen in °C	4	4	4	8	13	17	21	21	19	14	10	7

werden, für Zürich also 044 oder 043. Wer aus dem Ausland anruft, lässt nach der Länderkennung die Null weg.

Öffentliche Telefone funktionieren mit Kreditkarten oder Taxcards, die es für 5, 10 und 20 CHF an Postschaltern und Kiosken gibt. Vorwahl in die Schweiz: 0041, nach Deutschland: 0049, nach Österreich: 0043. *Auskunft national und international: 18 11 | Automatische Auskunft per Sprachsteuerung: 18 12*

Die größten Anbieter im Mobilfunk sind in der Schweiz *Orange, Sunrise* und *Swisscom*, wobei Letzterer zurzeit die größte Abdeckung bietet. Auskunft über SIM-Karten, Preise etc.: *Tel. 08 00 55 64 64*

Auch die Schwäne fühlen sich in Zürich wohl

TICKETS

TICKETKASSE IM JELMOLI

(114 C3) (*⊞ J5*)

Die größte – und bald einzige – Ticketvorverkaufsstelle befindet sich im Kaufhaus *Jelmoli* in der vierten Etage. *Mo–Sa 9–20 Uhr | Seidengasse 1 | Tel 044 220 44 66 | Tram: Rennweg*

Diverse Ticketverkaufsagenturen sind im Internet (siehe dort) aktiv.

WELLNESS

● Orientalische Bäderkultur ist in Zürich groß in Mode, das Angebot entsprechend attraktiv. Gleich drei *Migros*-Fitnessparks mit prachtvollen Bäderlandschaften stehen auch Tagesgästen offen: der *Fitnesspark Münstergasse* mit Hamam *(Blaufahnenstr. 3 | Tram 4, 15: Rathaus)*, der *Fitnesspark Stockerhof* mit Dampfbad *(Dreikönigsstr. 31 | Tram 6, 7, 8, 13: Stockerstrasse)* und der *Fitnesspark Puls 5* mit Wellnessbad *(Giessereistr. 18 | Tram: Escher-Wyss-Platz)* im Trendquartier Zürich-West. *Mo–Fr 8–22, Sa/So 9–20 Uhr | Eintritt ins Hamam inkl. Bademantel und Massagehandschuh 45 CHF, ins Dampf- und Wellnessbad 35 CHF | www.fitnesspark.ch*

ZEITUNGEN

An Bahnhöfen und Haltestellen liegt gratis die Pendlerzeitung „20 Minuten" aus. Die größte Tageszeitung der Stadt, der „Tages-Anzeiger", bringt donnerstags die Veranstaltungsbeilage „züritipp". Die „Neue Zürcher Zeitung" berichtet auch ausführlich über Zürich und die Region. Sonntags erscheinen die „NZZ am Sonntag", die „Sonntags Zeitung" und der „Sonntags Blick".

ZOLL

Zollfrei sind bei der Einreise Geschenke im Wert von 100 CHF, 2 l alkoholische Getränke unter 15% Alkoholgehalt und 1 l über 15%, 200 Zigaretten oder 250 g Tabak oder 50 Zigarren. Zollfrei bei der Rückkehr in EU-Länder: 200 Zigaretten oder 150 g Tabak oder 100 Zigarillos oder 50 Zigarren. 1 l Spirituosen mit mehr als 22% oder 2 l unter 22% oder 2 l Schaumweine.

CITYATLAS

Die grüne Linie ▬ zeichnet den Verlauf der Stadtspaziergänge nach

Der Gesamtverlauf dieser Spaziergänge ist auch in der herausnehmbaren Faltkarte eingetragen

Bild: Münsterbrücke

Unterwegs in Zürich

Die Seiteneinteilung für den Cityatlas finden Sie auf dem hinteren Umschlag dieses Reiseführers

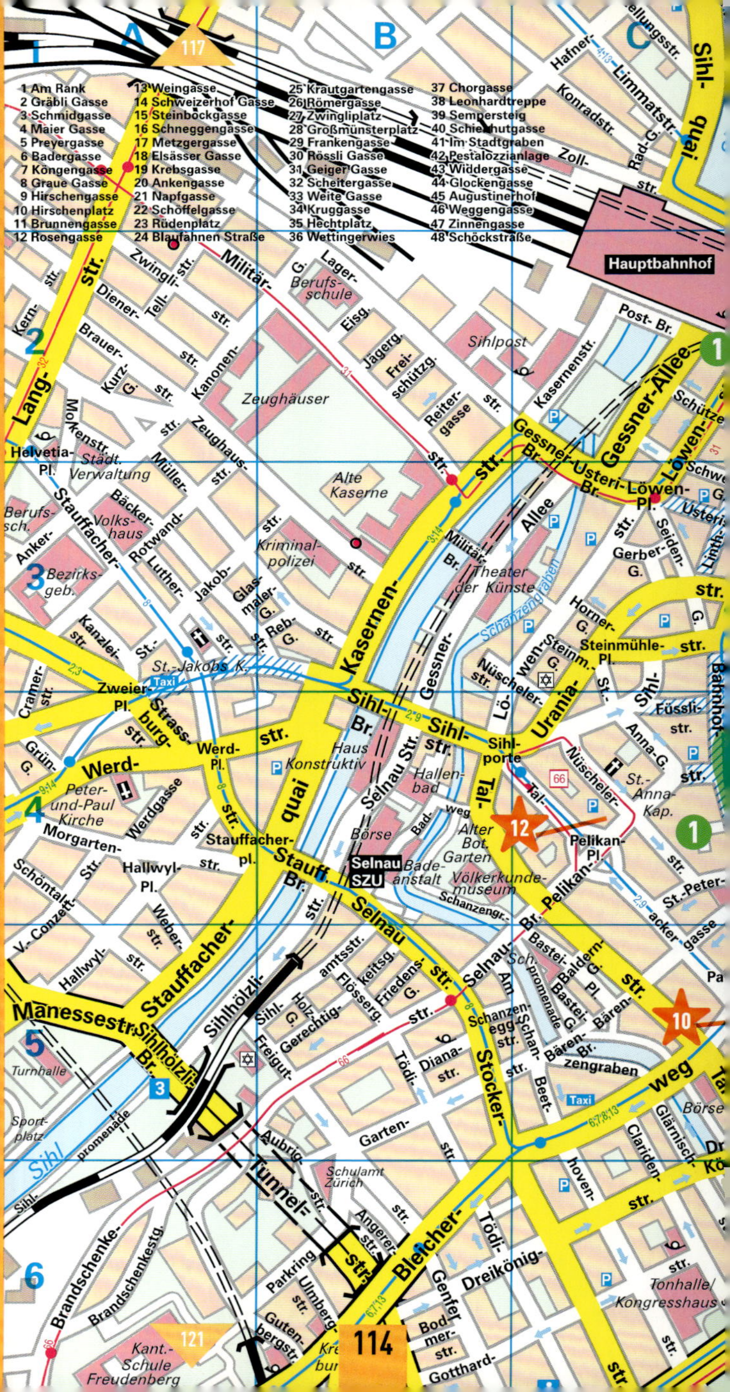
117
A
B
C
1 Am Rank
2 Gräbli Gasse
3 Schmidgasse
4 Maier Gasse
5 Preyergasse
6 Badergasse
7 Köngengasse
8 Graue Gasse
9 Hirschengasse
10 Hirschenplatz
11 Brunnengasse
12 Rosengasse
13 Weingasse
14 Schweizerhof Gasse
15 Steinbockgasse
16 Schneggengasse
17 Metzgergasse
18 Elsässer Gasse
19 Krebsgasse
20 Ankengasse
21 Napfgasse
22 Schöffelgasse
23 Rüdenplatz
24 Blaufahnen Straße
25 Krautgartengasse
26 Römergasse
27 Zwingliplatz
28 Großmünsterplatz
29 Frankengasse
30 Rössli Gasse
31 Geiger Gasse
32 Scheitergasse
33 Weite Gasse
34 Kruggasse
35 Hechtplatz
36 Wettingerwies
37 Chorgasse
38 Leonhardtreppe
39 Sempersteig
40 Schiesshutgasse
41 Im Stadtgraben
42 Pestalozzianlage
43 Widdergasse
44 Glockengasse
45 Augustinerhof
46 Weggengasse
47 Zinnengasse
48 Schöckstraße
Hauptbahnhof
Sihlquai
Limmatstr.
Konradstr.
Zollstr.
Hafnerstr.
Militärstr.
Lagerstr.
Berufsschule
Sihlpost
Post-Br.
Kasernenstr.
Gessner-Allee
Zeughäuser
Alte Kaserne
Kriminalpolizei
Städt. Verwaltung
Helvetia-Pl.
Langstr.
Stauffacherstr.
Volkshaus
Bezirksgeb.
Kasernenstr.
Theater der Künste
Schanzengraben
Gessner-Br.
Usteri-Str.
Löwenpl.
Löwenstr.
Urania-str.
St.-Jakobs K.
Zweierstrasse
Strassburgstr.
Werdstr.
Werd-Pl.
Peter-und-Paul Kirche
Werdgasse
Sihlbrücke
Sihlstr.
Sihlporte
Haus Konstruktiv
Selnaustr.
Hallenbad
Börse
Selnau SZU
Badeanstalt
Alter Bot. Garten
Völkerkundemuseum
Pelikanstr.
Pelikan-Pl.
St.-Anna-Kap.
St.-Peterstr.
Talstr.
Stauffacher-pl.
Stauffacherquai
Stauff.-Br.
Selnau-Br.
Morgartenstr.
Hallwyl-Pl.
Schöntalstr.
Manessestr.
Sihlhölzli-Br.
Turnhalle
Sportplatz
Sihl
Sihlpromenade
Tunnelstr.
Schulamt Zürich
Stockerstr.
Bleicherweg
Dreikönigstr.
Tonhalle/Kongresshaus
Claridenstr.
Brandschenkestr.
Kant.-Schule Freudenberg
Gotthardstr.
121
Taxi

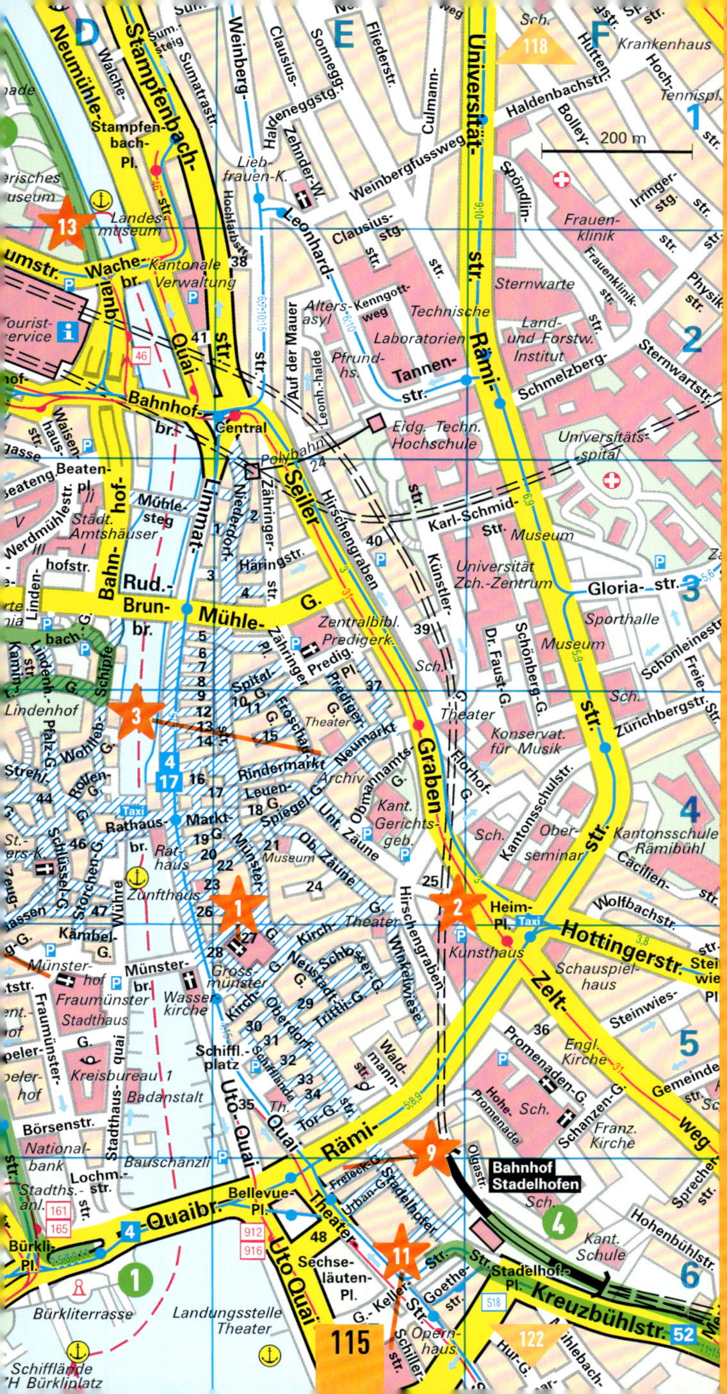
D
E
F
118
Neumühle-quai
Walche-
Stampfenbach-str.
Stampfenbach-Pl.
Sumatrastr.
Weinberg-str.
Clausius-
Sonnegg-
Fliederstr.
Universitätstr.
Haldeneggstg.
Zehnder-W.
Culmann-
Weinbergfussweg
Haldenbachstr.
Bolley-
Hütten-
Krankenhaus
Hoch-
Tennispl.
200 m
Spöndlin-
Irringer-stg.
Frauen-klinik
Frauenklinik-str.
Physik-str.
Lieb-frauen-K.
Landes-museum
Leonhard-
Clausius-stg.
Hochfarbstr.
Wache-br.
Kantonale Verwaltung
Tourist-service
Sternwarte
Land- und Forstw. Institut
Sternwartstr.
Alters-asyl
Kenngott-weg
Technische Laboratorien
Pfrund-hs.
Tannen-str.
Rämi-
Schmelzberg-
Auf der Mauer
Leonh.-halde
Bahnhof-br.
Central
Eidg. Techn. Hochschule
Universitäts-spital
Polybahn
Seiler-
Niederdorf-
Zähringer-str.
Hirschengraben
Karl-Schmid-Str.
Museum
Beaten-pl.
Mühle-steg
Städt. Amtshäuser
Werdmühlestr.
Limmat-
Häringstr.
Künstler-
Universität Zch.-Zentrum
Gloria-str.
hofstr.
Bahnhof-
Rud.-Brun-br.
Mühle-G.
Zentralbibl.
Predigerk.
Dr. Faust-G.
Schönberg-G.
Sporthalle
Museum
Schönleinestr.
Freie-Str.
Lindenhof
Schipfe
Spital-G.
Predig.-Pl.
Zähringer-
Froschau-G.
Predigerpl.
Theater
Sch.
Zürichbergstr.
Pfalz-G.
Wohlleb-
Rindermarkt
Neumarkt
Graben
Florhof-
Konservat. für Musik
Strehl-
Rollen-
Leuen-
Spiegel-G.
Archiv
Obmannamts-G.
Kant. Gerichts-geb.
Kantonsschulstr.
Kantonsschule Rämibühl
Taxi
Rathaus-br.
Markt-G.
Münster-G.
Unt. Zäune
Ob. Zäune
Museum
Ober-seminar
Cäcilien-str.
Schlüssel-G.
Storchen-G.
Rat-haus
Zunfthaus
Wühre
Wolfbachstr.
Heim-Pl.
Kunsthaus
Hottingerstr.
Kämbel-G.
Münster-hof
Münster-br.
Fraumünster
Wasser-kirche
Gross-münster
Kirch-G.
Neustadt-G.
Schlosser-G.
Trittli-G.
Winkelwiese
Schauspiel-haus
Zelt-
Steinwies-
Fraumünster-
Stadthaus
Oberdorf-
Wald-mann-str.
Promenaden-G.
Engl. Kirche
Gemeinde-str.
Kreisbureau
Badanstalt
Schiffl.-platz
Schifflände
Th.-str.
Tor-G.
Hohe-Promenade
Schanzen-G.
Franz. Kirche
Börsenstr.
National-bank
Stadthaus-quai
Bauschänzli
Utoquai
Rämi-
Olgastr.
Bahnhof Stadelhofen
Lochm.-str.
Stadths.-anl.
Bellevue-Pl.
Freieck-G.
Urban-G.
Stadelhofer
Sch.
Kant. Schule
Hohenbühlstr.
Quaibr.
Bürkli-Pl.
Theater-
Sechse-läuten-Pl.
Goethe-str.
Stadelhof-Pl.
Kreuzbühlstr.
Bürkliterrasse
Landungsstelle Theater
Utoquai
Keller-
Schiller-str.
Opern-haus
G.-Keller-Str.
122
Schifflände H Bürkliplatz

A
B
C
WIPKI
Waid
Damhirs
H.-Geist.-K.
Limmattal-
Otten-
berg
Bäuli-stg.
Tobelegg-str.
Tobeleggweg
Bäuli-
Ackerstein-
Burckhardt-str.
Appenzeller-
Im Wingert
Kloti-
Hasen-
Wehrli-
Gwanden-stg.
Am Börtli
Kürbg.-stg.
Kürberg-
Kürberg-W.
Wehrli-str.
Str.
Hinterweid
Waidbad-
Obere
Kloti-
Emil-
str.
Rheuma Hallenbad
Waidfussweg
38
38-69
Krankenheim Käferberg
Stadt-spital Waid
Rehberg-
Kettberg
Im Schellen-bg.
Kempf-horststg.
Ballikerstg.
Rehbergstg.
Wunderli-
Waid-fussweg
Griesern-
Nord-
weg
Lehe
46
13
Wasser
str.
Hardeggstr.
Grossmann-
Kempfhof-W.
str.
Am
str.
Eschergut-W.
Im
Trotten-
str.
Höngger
Altersheim
Dorf-
Hardegg-steg
2
Zürich-Hardturm
Wasser
Breitenstein-
Sydefädeli
Hardturm-weg
Hardturm
1
Hardturm-
17
P+R
Stadion Hardturm
Förrlibuck-
Mühleweg
Ampere-str.
Gem.-Zentrum
Hauswirts For
Limmat
1
Pfingstweid-
Sportweg
Sportplatz
P
Mühle-weg
3
str.
VBZ
str.
Engros Markthalle
4
54
3
Mühle-
Duttweiler Str.
P
Giessereistr.
P
3
ESCHER-
Technopark-
Turbinen-platz
Schiffbau
7
EWZ
Brücke
P
Schiffbaustr.
Theater
P
weg
WYSS
Josef-
Str.
Reparatur-werkstätten
Turbinenstr.
Maag Event Hall
Maag Areal
Neue Hard
Kehric verbre anl.
Hohl-
31
str.
Duttweiler-
Zahnradstr.
Prime Tower
Hard-
Geroldstr.
Viad
4
P
54
307
Bahnhof Hardbrücke
Hard-Br.
Schlacht-hof
str.
Knüsli-str.
Zimmerli-
Eichbühl-
Eglistr.
str.
Str.
Stadion Letzigrund
P
Bullinger
HARD
Gugolzstr.
Hard-Pl.
Sch.
Güter-bahnhof
Herdern-
Bienen-
VBZ
Sch.
str.
str.
Felix-u. Reg. Pl.
Sihlfeld-
8
5
graben
str.
Alten-zentrum
Felix-u.-Regula-K.
Hirzelstr.
Sch.
Erna-
str.
Stüdli-weg
str.
Badener
Nora-
P
Bullinger K.
Str.
Quart.-bureau Hard
Bullinger-hof
Bullinger Pl.
Stauffacher-
str.
Erismann-hof
Greulich-Str.
Wyd str.
eas-K.
P
Hard-
Agnes-
Albisrieder Platz
str.
Str.
Denzler-str.
Kochstr.
Kanzlei-
Herm.-
Anwand-
Albisrieder
3-72
Aemtler-
Hardau-str.
33
Friedaustr.
Elsastr.
str.
Hilda-
str.
Erismann-
K.-Bürkli-Str.
Ursel-
Seebahn-
STRA
6
250m
Krematorium
Zypressen-
str.
Zentral-
str.
Marta-
Thomas-weg
Sihl
Pflanzschul-
Feld-
Arnoldg.
120
Friedhof

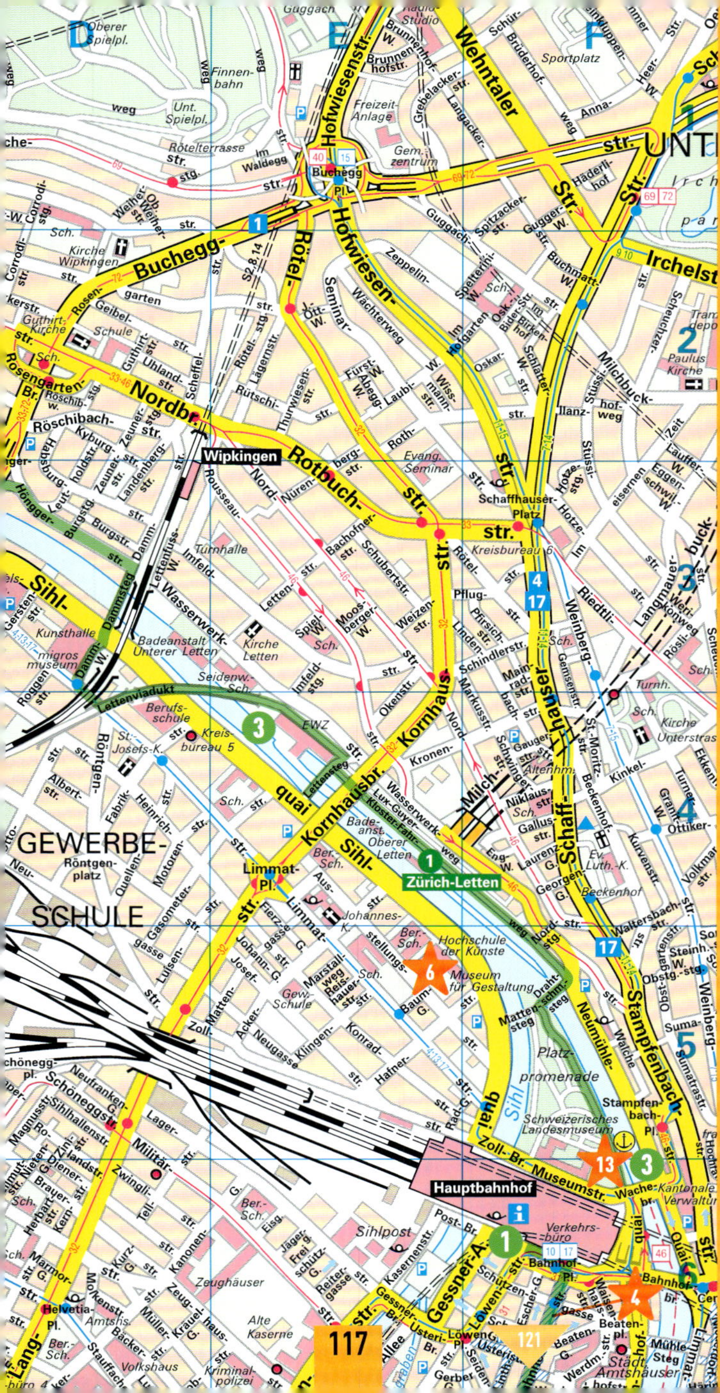
D
E
F
Oberer Spielpl.
Unt. Spielpl.
Finnenbahn
Freizeit-Anlage
Gem.-zentrum
Sportplatz
Radio-Studio
Wehntaler Str.
Hofwiesenstr.
Bucheggpl.
Buchegg
Röteltarrasse
Im Waldegg
UNTER
Irchel park
Irchelstr.
Buchegg-str.
Rötel-str.
Hofwiesen-str.
Kirche Wipkingen
Guthirt-Kirche
Schule
Rosengarten-Br.
Rosengartenstr.
Nordbr.
Röschibach-str.
Wipkingen
Rotbuch-str.
Evang. Seminar
Schaffhauser-Platz
Kreisbureau 6
Tram depot
Paulus Kirche
Milchbuck-str.
Höngger-str.
Sihl-quai
Kunsthalle
migros museum
Badeanstalt Unterer Letten
Kirche Letten
Turnhalle
Wasserwerk-str.
Lettenviadukt
Berufsschule
Kreisbureau 5
EWZ
Kornhausstr.
Kornhausbr.
Milchbuck-str.
Schaffhauser-str.
Kirche Unterstrass
Turnh.
Altenheim
Ev. Luth.-K.
Beckenhof
GEWERBE-SCHULE
Röntgenplatz
Limmat-Pl.
Limmatstr.
Johannes-K.
Bade-anst. Oberer Letten
Zürich-Letten
Hochschule der Künste
Museum für Gestaltung
Platz-promenade
Sihl
Schweizerisches Landesmuseum
Stampfenbach-Pl.
Stampfenbachstr.
Neumühle-quai
Hauptbahnhof
Museumstr.
Zoll-Br.
Sihlpost
Verkehrs-büro
Bahnhof-Pl.
Bahnhofquai
Beatenpl.
Kantonale Verwaltung
Zeughäuser
Alte Kaserne
Militärstr.
Helvetia-Pl.
Volkshaus
Kriminalpolizei
Gessner-Allee
Löwenstr.
Städt. Amtshäuser
Mühle-Steg
Langstr.
Schöneggstr.
Zollstr.

121

A
B
C
1
2
3
4
5
6
UNTERSTRASS
OBERSTRA
Zürich-Unterstrass
Zürich-Letten
Hauptbahnhof
Allenmoos-
Wehntaler Str.
Schaffhauser Str.
Hirschwiesenstr.
Irchelstr.
Winterthurer Str.
Universitätstr.
Gladbach-
Tobler-
Stampfenbach-
Radio-Studio
Sportplatz
Sportpl.
Irchelpark
Staatsarchiv
Universität Zürich-Irchel
Kant. Tierspital
Tramdepot
Paulus Kirche
Bruder Klaus-Kirche
Krankenhaus Irchelpark
Altersheim Oberstrass
Alfred-Altherr-Terasse
Evang. Seminar
Schaffhauser-Platz
Kreisbureau 6
Milchbuck-
Weinbergtunnel (im Bau)
Kirche Unterstrass
Turnh.
Ev. Luth. K.
Beckenhof
Hochschule der Künste
Museum für Gestaltung
Platzpromenade
Sihl
Schweizerisches Landesmuseum
Kantonale Verwaltung
Museumstr.
Walche
Neumühle-
Frauenklinik
Sternwarte
Land-u. Forstw. Inst.
Techn. Laboratorien
Seilbahn Rigiblick
Rigi-Pl.
Kirche Oberstr.
Tennispl.
Vrenelisgärtli
Sihlpost
121
118

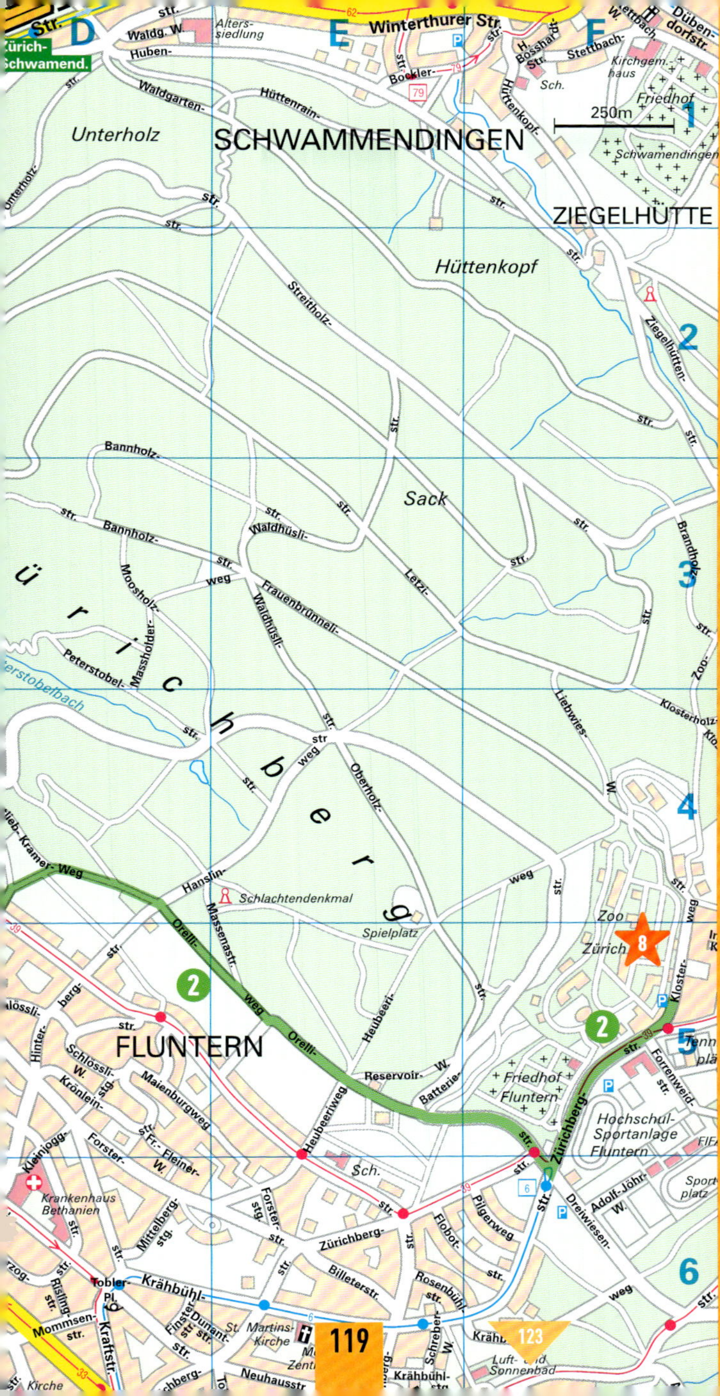
SCHWAMMENDINGEN
ZIEGELHÜTTE
Unterholz
Hüttenkopf
Sack
Zürichberg
FLUNTERN
Winterthurer Str.
Zürich-Schwamend.
Alterssiedlung
Waldg. W.
Huben-
Waldgarten-
Hüttenrain-
Bockler-
Hüttenkopf-
H. Bosshard-Str.
Stettbach-
Dübendorfstr.
Kirchgem.-haus
Friedhof Schwamendingen
250m
Streitholz-
Ziegelhütten-str.
Bannholz-
Waldhüsli-
Lerzi-
Brandholz-
Moosholz-
Frauenbrünneli-
Massholder-
Peterstobel-
Peterstobelbach
Liebwies-
Klosterholz-
Zoo-
Oberholz-
Gottlieb-Kramer-Weg
Hanslin-
Schlachtendenkmal
Spielplatz
Zoo Zürich
Orelli-weg
Massenastr.
Heubeeri-
Reservoir-
Batterie-
Heubeeriweg
Friedhof Fluntern
Zürichberg-str.
Hochschul-Sportanlage Fluntern
Forrenweid-
Kloster-weg
Sportplatz
Adolf-Jöhr-W.
Dreiwiesen-
Schlössli-
Hinter-berg-str.
Krönlein-
Maienburgweg
Forster-
Fr.-Fleiner-W.
Kleinjogg-
Krankenhaus Bethanien
Mittelberg-stg.
Sch.
Zürichberg-
Billeterstr.
Flobot-
Pilgerweg
Rosenbühl-
Tobler-Pl.
Krähbühl-
Rising-str.
Mommsen-str.
Kraftstr.
Finster-str.
Dunant-str.
St. Martins-Kirche
Schreber-W.
Krähbühl-stg.
Luft- und Sonnenbad
Neuhausstr.
Kirche
D
E
F
1
2
3
4
5
6
2
8
62
79
39
33
6
123

116

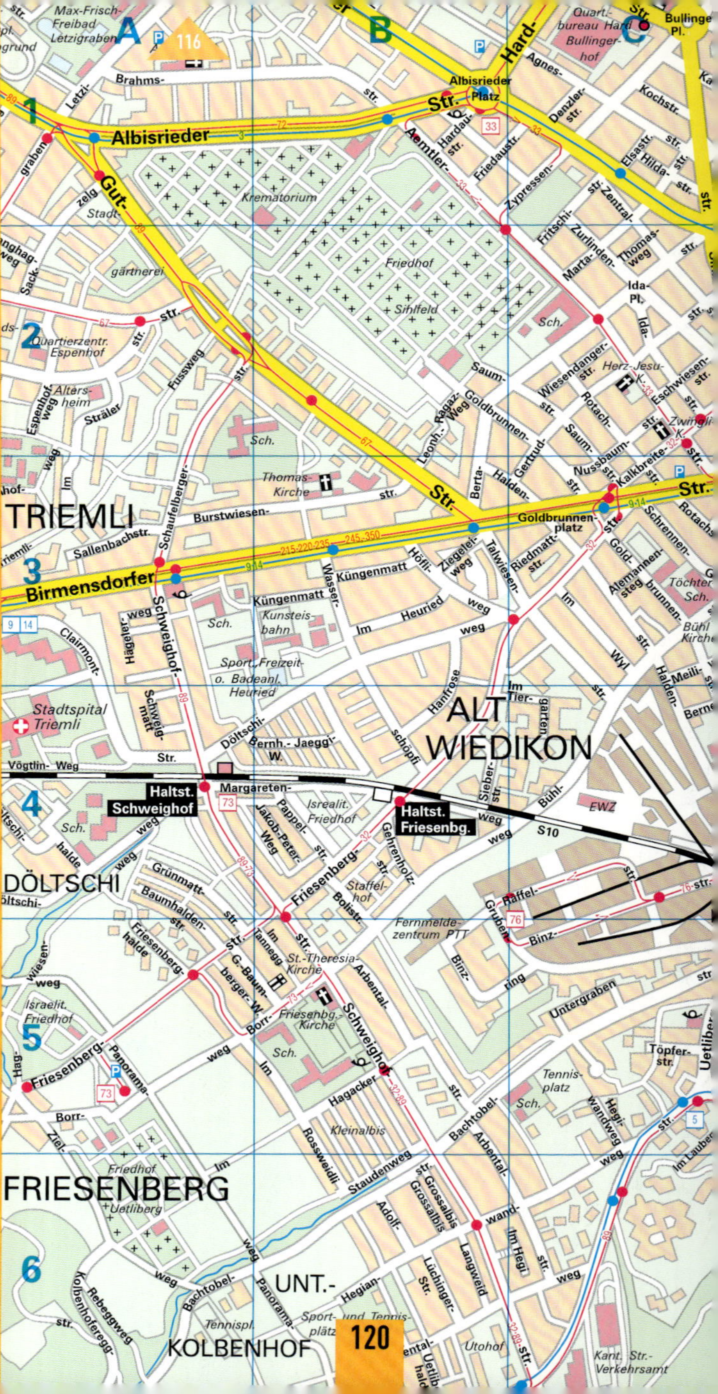

A
B
C
1
2
3
4
5
6
Max-Frisch-Freibad Letzigraben
Quart.-bureau Hard Bullinger-hof
Bullinger Pl.
Brahms-
Albisrieder Str.
Albisrieder Platz
Hard-
Agnes-
Kochstr.
Denzler-str.
Aemtler-
Hardau-str.
Friedaustr.
Elsastr.
Hilda-
Letzi-
graben
Gut-
Stadt-gärtnerei
Krematorium
Friedhof Sihlfeld
Zypressen-
Zentral-
Fritschi-
Zurlinden-
Marta-
Thomas-weg
Ida-Pl.
Ida-
Sch.
Quartierzentr. Espenhof
Espenhof-weg
Altersheim
Sträler
Fussweg
str.
Saum-
Wiesendanger-str.
Herz-Jesu-K.
Eschwiesen-str.
Zwingli-K.
Goldbrunnen-
Rotach-
Nussbaum-
Kalkbreite-
Leonh.-Ragaz-Weg
Gertrud-
Halden-
Berta-
Thomas-Kirche
TRIEMLI
Burstwiesen-
Sallenbachstr.
Schaufelberger-
Goldbrunnen-platz
Birmensdorfer Str.
Wasser-
Küngenmatt
Höfli-
Ziegelei-weg
Talwiesen-
Riedmatt-str.
Gold-
Alemannen-steg
Schrennen-
Töchter Sch.
brunnen-
Kunsteisbahn
Heuried
Sch.
Hägeler-
Schweighof-
Clairmont-
Stadtspital Triemli
Sport, Freizeit- o. Badeanl. Heuried
Schweig-matt
Hanfrose
Im Tiergarten
Wyl-
Meili-
Halden-
Bühl Kirche
ALT WIEDIKON
Vögtlin-Weg
Döltschi-
Bernh.-Jaeggi-W.
schöpfli
Sieber-str.
Bühl-
Berne
Haltst. Schweighof
Margareten-
Israelit. Friedhof
Haltst. Friesenbg.
EWZ
S10
DÖLTSCHI
Döltschi-halde
Grünmatt-
Baumhalden-str.
Pappel-str.
Jakob-Peter-Weg
Gehrenholz-
Friesenberg-
Bolistr.
Staffel-hof
Raffel-
Gruben-
Binz-
Fernmelde-zentrum PTT
Friesenberg-halde
Im Tannegg
G.-Baumberger-W.
St.-Theresia-Kirche
Arbental-
Binz-ring
Untergraben
Wiesen-weg
Israelit. Friedhof
Friesenbg.-Kirche
Borr-
Sch.
Tennis-platz
Hegi-wandweg
Töpfer-str.
Uetliberg
Hag-
Friesenberg-
Panorama-
Hagacker
Kleinalbis
Bachtobel-
Rossweidli-
Staudenweg
Ziel-
Friedhof Uetliberg
FRIESENBERG
Grossalbis
Adolf-
Langweid
Im Hegi
Im Lauber
Rebeggweg
Kolbenhoferegg-
Bachtobel-
UNT.-KOLBENHOF
Tennispl.
Sport- und Tennis-plätze
Hegian-
Lüchinger-Str.
Utohof
Kant. Str.-Verkehrsamt

117
Hauptbahnhof
Sihlpost
Zeughäuser
Alte Kaserne
Volkshaus
Kriminalpolizei
Helvetia-Pl.
Amtshs.
Bäcker-Anlage
STRASSE
Langstr.
Kasernenstr.
Gessner-Allee
Löwen-Pl.
Schanzengraben
Theater
Bezirksgeb
St. Jakobs K.
Bahnhof Wiedikon
Seebahnstr.
Zweier-Pl.
Werd-Str.
Werdplatz
Peter- und-Paul-Kirche
Stauffacherquai
Stauffacher-Str.
Selnau SZU
Sihlporte
Hallenbad
Börse
Völkerkundemuseum
Uhrenmuseum
Pelikan-Pl.
Parade Pl.
Urania-Str.
Bahnhofstr.
Rennweg
Schimmel-Str.
Brandwache
Turnh.
Sportplatz
Zürich-Wiedikon
Sihl
Sihlhölzli-anl.
Manesse-Str.
Manesse-pl.
Kant.-Schule Freudenberg
Schulamt Zürich
Tunnel-Str.
Bleicher-Weg
Dreikönig-Str.
Tonhalle/Kongresshaus
Gen.-Guisan-Quai
Arboretum
Bahnhof Enge
Tessiner-Pl.
Kreisbureau 2
Alfred-Escher-Str.
Mythenquai
Beder-Str.
Kirche Enge
Dreikönigs-K.
ENGE
Seebad Enge
Hafen
Schiffl. Enge
Museum Rietberg
Rieter Park
Tennispl.
Belvoir Park
Seepolizei
Bootshäuser
Sukkulenten-sammlung
Strandbad Mythenquai
Muraltengut
Saalsporthalle
Sihlcity
Allmend II
Sportanlage
Brunau-Str.
Rieterplatz
Giesshübel
Uto-Br.
3W
E41
250m

Zürichsee
Sihlpost
Verkehrsbüro
Bahnhof-br.
Central
Techn. Laboratorien
Eidg. Techn. Hochschule Zürich-Zentr. Biblioth.
Universitätsspital
Land-u. Forstw. Inst.
Universität Zch. Zentrum
Museum
Zentralbibl.
Predigerk.
Mus. Bibliothek
Konservat. f. Musik
Stadt. Amtshäuser
Mühle-Steg
Lindenhof
Rathaus
Rathaus-br.
Rathaus Zunfths.
St. Peter
St. Anna-Kap.
Kant. Gerichtsgeb.
Oberseminar
Kant.-Schule Rämibühl
Kunsthaus
Schauspielhaus
Heim-Pl.
Hottinger
Engl. Kirche
Franz. Kirche
Bahnhof Stadelhofen
Stadelhofer-Pl.
Kreuzbühl-str.
Kant. Schule
Frauen-Fachschule
Fraumünster
Münster-br.
Grossmünster
Stadthaus
Seebad Stadthausquai
Bauschänzli
Börse
National-bank
Stadths.-anl.
Paradeplatz
Tiefenhöfe
Kappelerhof
Bürkli-Pl.
Quai-br.
Bellevue-Pl.
Sechseläuten-Pl.
Opernhaus
Tonhalle/Kongresshaus
Schifflände Bürkliplatz
Gen.-Guisan-Quai
Utoquai
Falkenstr.
Seefeldstr.
Arboretum
Seebad Enge
Seebad Utoquai
Hafen
Schiffländе Enge Hafen
Seepolizei
Bootshäuser
Sukkulenten-sammlung
Mythenquai
Hafen Riesbach
Museum Bellerive
Bellerive-Quai
Centre Le Corbusier
China-garten
Zürichhorn
SEEFELD
Strandbad Mythenquai
Landiwiese
Landungssteg Zürichhorn Casino
250m

119

D
E
F
1
2
3
4
5
HOTTINGEN
DOLDER
HIRSLANDEN
BURGWIES
WEINEGG
RIESBACH
Kirche Fluntern
Meteorolog. Zentralanstalt
Neuhausstr.
Krähbühlstg.
Zürichberg-
Kelten-
Toblerstr.
Ackermann-
Bircher-Benner-Pl.
Tobelhof-
Hottingerberg-
Waldhaus-
Schneckenmannstr.
Kantstr.
Vorder-berg
Wellenbad
Kunsteisbahn Tennisplätze
Carl-
Wehrli-
Weg
Tennisplatz
Grand Hotel Dolder
Bergstation Dolderbahn
Kurhaus-
Waldhaus Dolder
Pilatus-
Pilatusstr.
Aurora-
Kinder-spital
Hallenbad
Zollinger-w.
Bungert-w.
Doldertal
Dolder-
Rüti-
Hauser-
Titlisstr.
Golfplatz
Kreuz-Kirche
Dolderbahn
Sennhauser-w.
Carmen-
Schönbühlstr.
Treichler-
Fehren-
Asyl-
Römerhof
Römerhof-Pl.
Taxi
Waldli-
Senioren-zentrum
Samariter-
Sprenzenbühl-
Heuel-
Heuelsteig
Titlis-
Sonnenberg-
Waisenhaus
Reservoir
Sportanlage
Obere
Morgen-w.
C.-Schröter-Str.
Diener-
Sonnenberghölzliweg
Schweiz. Pflegerinnen Schule
Sonnhalden-
Hölderlin-stg.
Hölderlinstr.
Konkordiastr.
Streuli-
Reinacher-
Freie-
Veilchen-
Fichten-
Lilien-
Jupiter-
Kempter-
Hitzig-w.
Biberlinsterrasse
St. Antonius K.
Wartstr.
Klus-Pl.
Hegibach-
Klusdörfli
Seniorenzentr. Theodosanium
Wotanstr.
Witikoner
Klus-
Klus-eggstr.
Höhen-w.
Biberlin-
Kapf-
Waldschule
Waldschul-w.
Stöcken
Eidmatt-
Böcklin-
Luna-
Helios-
Billroth-weg
Spital
Hegibach-Pl.
Hofacker-
Hedwigstr.
Rankstr.
Ulrich-
Gattiker-
Fröbelstr.
Sempacher-
Specht-w.
Rübenweg
Neumünsterstr.
Neumünster-Kirche
Drahtzug-
Hammer-
Felsenstr.
Burg-
Weinegg-
Wildbach
Mittag-w.
Fröbel-str.
Wetli-str.
Kapf-
Hirs-landerstr.
Bergheim-str.
Blinden-heim
Hirslander-stg.
Mühlehalde
Forch-
Wasser-
Wasserstg.
Sockentobel-
Botanischer Garten
Tramdepot
Buchensteig
Weineggweg
Wehrenbach
Tennispl.
August-
Karl-
Buchenw.
Russen-
Stauffer-
Tennis-halle
Forel-
Balgrist K.
Balgrist-
Klinik Balgrist
Mühlebach-
Inselhofstr.
Rudolf-
Gletscher-
Mantel-G.
Geranien-
Münch-stg.
Kartaus-
Lurei-w.
Süd-
Erlöser-Kirche
Ceres-
Karl-str.
Siegfr.-str.
Garten-
Münchhalden-
Paulstr.
Nebelbachstr.
Arosasteig
Arosa-
Bührle Sammlung
Psychiatrische Universitätsklinik Burghölzli
Math. Escher Heim
Lenggstr.
Lengg-
Lengghalde
Schulthess-Klinik
Steig
S6,7,16
S3,5,9,12
52

A
B
C
Z
ü
r
Regensberg
2km
Schöfflisdorf
Steinmaur
Niederglatt
Bachenbülach
Lufingen
Winkel
Oberembrach
Sünikon
Niederhasli
Nöschikon
Hofstetten
Seeb
Dielsdorf
(455)
Mettmenhasli
Oberglatt
Egetswil
Augwil
Bühlhof
Nassenwil
Oberhasli
Chaseren
Kloten-Nord
Geerlisberg
Buchs
Flughafen Zürich
Kloten
Bachtobel
Dänikon
Adlikon
Rümlang
Oberdorf
Watt
Dällikon
Sand
Chatzenrüti
Glattbrugg
Bassersdorf
Chatzensee
Opfikon
Regensdorf
Altburg
ZH-Affoltern
ZH-Seebach
SEEBACH
Dietlikon
Brüttisellen
Geroldswil
Weiningen
Verzweig. Limmattal
AFFOLTERN
Wallisellen
Unterengstringen
Oberengstringen
OERLIKON
Verzw.
ZH-Nord
Wallisellen
Wangen
Dübe
HÖNGG
578
WIPKINGEN
ZH-Aub.
ZH-Altstetten
ZH-Hardturm
ZH-Schwamendgn.
ZH-Unterstr.
SCHWAMENDINGEN
Urdorf-N
(395)
Schlieren
Zürichberg
676
Hermikon
Landesmuseum
ZH-Letten
ALTSTETTEN
Sportplatz Letzigrund
Zoo
ZÜRICH
ALBISRIEDEN
Zur Meisen
Dolder
Urdorf-Süd
Uitikon
Grossmünster
Kunsthaus
HOTTINGEN
Pfaffhausen
Repischtal
ZH-Wiedikon
Risi
Ringlikon
Triemli
HIRSLANDEN
WITIKON
BINZ
Uitikon
Birmensdorf
Landikon
871
Üetliberg
ZH-Brunau
Sennhof
Süessblätz
Oberhueb
Waltikon
Bernet
Birmensdorf
Zollikerberg
WOLLISHOFEN
Sellenbüren
Zollikon
(418)
Zumikon
Itschnach
Forch
Schmalzgrueb
Aesch
Litzibuech
Wettswil a.A.
UNT.-LEIMBACH
ZH-Wollishofen
Goldbach
Islisberg
680
Stallikon
Bendlikon
Küsnacht
Ober-Leimbach
(412)
Arni
Balderen
Kilchberg
Limberg
Küsnachterberg
Bonstetten
Adliswil
(451)
Heslibach
Rüschlikon
Erlenbach
Rütihof
Ismatt
Hedingen
Aumüli
Thalwil
Ludretikon
Wetzwil
Zwillikon
Wildpark Langnau
Thalwil
(409)
Herrliberg
Buech
Langnau am Albis
Müllberg
Ottenbach
Bickwill
Aeugsterthal
Unt.-Albis
Albis
791
Gattikon
Feldmeilen
Affoltern am Albis
829
Albispass
Dörfli
Oberrieden
(408)
Obfelden
Toussen
Grossholz
Aeugst am Albis
Wängi
Sihlwald
Horgen
Lunnern
Wolsen
Dachelsen
Türlen
Käpfnach
677
Herferswil
Vollenweid
Albishorn
909
Morschwand
Heisch
Rifferswil
Hint.-Albis
E41
Horgenberg
Maschwanden
Mettmenstetten
Hausen am Albis
Chlausen
Unter-Ort
Horgen
Uttenberg
Ober-Albis
Zimmerberg
Hauptikon
Kappel am Albis
Zwingli-Dkm.
Ebertswil
Höhi
Knonau
Rossau
Schweikhof
Sihlbrugg
535
Hirzel
Wädenswil-"Herrlisberg"
393
455
Niederwil
Uerzlikon
540
Baregg
Büessikon
Frauental
Chamau
Oberwil
428
Deibüel
576
Blickensdorf
Walterswil
683
Neuheim
Spitzen
Rechberg
Rumentikon
Ban
Steinhausen
(425)
Deinikon
Hagendorn
Verzw. Blegi
Sarbach
Baar
Raths
Hinterburg
Sagen
Unterhünenberg
Cham
Zug-West
Höfen
Baar
Höllgrotten
Schwand
Schönen
St. Wolfgang
ZUG
Oberhünenberg
Enikon
Edlibach
Cham
(418)
(425)
793
Brettigen
Hünenberg
Inkenberg
Menzingen
Witen

D
E
F
WINTERTHUR
Töss
Rümikon
Räterschen
Schottikon
Dickbuch
ELGG
Aadorf
(540)
Wittenwil
Weiern
Hagenstel
Oberhof
Tänikon
Fältsch
Wenzikon
Riketwil
Tolhusen
Steig
SENNHOF
Oberseen
SEEN
Eidberg
Waltenstein
Ettenhausen
Gotzenwil
Unt.-Schlatt
Hofstetten
Heurüti
Maischhusen
Sennhof
Iberg
Nussberg
Geretswil
Rossberg
Kyburg
Tyfelschilen
Ob.-Schauenberg
Huggenberg
Niederhofen
Loo
Kemptthal
Chamleten
Kollbrunn
Langenhard
Garten
Selmatten
Brünggen
Neugrüt
Bichelsee-
Grafstal
Ettenhusen
Rikon
Zell
Hutzikon
Ramsberg
Neubrunn
Billikon
Dettenriet
Turbenthal
First
Rämismühle
Weisslingen
Ruine Tössegg
Ottikon
Chälhof
Oberhofen
Rengerswil
Niederwil
Effretikon
Agasul
Neschwil
Büel
Lendikon
Wildberg
Wila
Sitzberg
Schurten
Luckhausen
Theilingen
Berg
Moosburg
Ludetswil
Ehrikon
Chäfer
Bisikon
Horben
Tablat
Schmidrüti
Illnau-
Rumlikon
Schalchen
Auli
Furtbühl
Madetswil
Schöntal
Mesikon
Gündisau
Ottenhueb
Zinggen
Volketswil
Russikon
Hermatswil
Steinen
Fehraltorf
820
Sennhof
Saland
Steishof
Ravensbüel
Gutenswil
Wilhof
Humbel
Schönau
Blitterswil
Jucker
Alt-Landenberg
Volketswil
493
Hasel
Freudwil
Uster-West
Isikon
Fälmis
Gfell
Bussenhusen
Bauma
Nänikon
Dürstelen
Pfäffikon
Hittnau
Werrikon
Winikon
Wermatswil
Unter-Lipperschwändi
1133
Neuthal
Wolfsberg
Feichrüti
Pfäffikersee
Römerkastell Irgenhausen
Oberhittnau
928
Ruetschberg
Hinterburg
Uster-Nord
Tannen
Ober-
Oberuster
(464)
Ottenhusen
Wilen
Niederuster
Uster-Ost
Auslikon
Adetswil
Ruine Grifenberg
Matt
1064
Wil
Nossikon
Seegräben
Ob.-Balm
Bäretswil
Aathal
Riedikon
Heusberg
Kempten
Bettswil
Sulzbach
705
Ressikon
Lindhof
Ettenhausen
Chli Bäretswil
Rällikon
Bertschikon
Medikon
Wetzikon
(532)
Wappenswil
Aurüti
Mönchaltorf
Ringwil
Girenbad
Gossau
Grüt
Gibswil
Hundsruggen
Bossikon
Hinwil
Büel
Rod
Brand
Berg
Ober-Ottikon
Bachtel
1115
Tägernau
Unter-
Wernetshausen
Jonatal
Jungholz
Hellberg
Verzw. Hinwil
Betzholz
Hadlikon
Hueb
Vollikon
Grüningen
Hasenstrick
Esslingen
Dürnten
Ober-dürnten
Binzikon
Itzikon
Herschmettlen
Chrüzlen
Landsacher
Dürnten
Tann
Oetwil
Bubikon
Wald
(615)
Kleindorf
Willikon
Dändlikon
Fägswil
Diezi
598
Ritterhus
(482)
Uelikon
Uetzikon
Hombrechtikon
Hergass
Wolfhausen
Rüti
Güntisberg
Mettlen
Egelsee
Rüti
Rapperswil
Lütschbach
Weier
Stäfa
Tobel
Langenriet
Widmen
Uf Dorf
Ermenswil
Lenggis
Jona
Dorf
Eschenbach
Wellenberg
Ötikon
Wagen
Feldbach
Schl.
JONA
Kehlhof
Uerikon
Schloss
417
St. Dionys
482
RAPPERSWIL-
Rathaus
Kloster
413
Giessen
Wurmsbach
Kinderzoo
Lützelau
Ufenau
St. Peter und Paul
Mülenen
Busskirch
Bollingen
Richterswil
Freienbach
Hurden
Obersee
Bäch
Pfäffikon
Alpamare
406
Aahorn
Nuolen
631
Girendorf
Fuchsberg
Mülibach
Lachen
Wangen
Stemenschanze
Wollerau
Wilen
Pfäffikon
Schindellegi
Muschelberg
Holeneich
Roos
Altendorf
Galgenen
Feusisberg
Schw
St. Johann
Lachen
Siebnen
1098
Etzel
Vorderberg
Steinegg
Rossberg
Schindelleg
St. Meinrad
639
Schübelbach
Sihl
E41
E60

Das Register enthält eine Auswahl der im Cityatlas dargestellten Straßen und Plätze

KARTENLEGENDE

Autobahn Motorway	Autoroute Autosnelweg
Vierspurige Straße Road with four lanes	Route à quatre voies Weg met vier rijstroken
Durchgangsstraße Thoroughfare	Route de transit Weg voor doorgaand verkeer
Hauptstraße Main road	Route principale Hoofdweg
Sonstige Straßen Other roads	Autres routes Overige wegen
Einbahnstraße One-way street	Rue à sens unique Straat met eenrichtingsverkeer
Fußgängerzone Pedestrian zone	Zone piétonne Voetgangerszone
Information Information	Information Informatie
Parkplatz - Park Ride-Platz Parking place - Park and Ride car park	Parking - Parcotrain Parkeerplaats - Parkeer reis-plaats
Hauptbahn mit Bahnhof Main railway with station	Chemin de fer principal avec gare Belangrijke spoorweg met station
Sonstige Bahn Other railway	Autre ligne Overige spoorweg
Straßenbahn - Buslinie Tramway - Bus-route	Tramway - Ligne d'autobus Tram - Buslijn
Anlegestelle - Fährlinie Landing place - Ferry line	Embarcadère - Ligne de bac Aanlegplaats - Veerdienst
Kirche - Sehenswerte Kirche Church - Church of interest	Église - Église remarquable Kerk - Bezienswaardige kerk
Polizeistation - Postamt Police station - Post office	Poste de police - Bureau de poste Politiebureau - Postkantoor
Krankenhaus - Denkmal Hospital - Monument	Hôpital - Monument Ziekenhuis - Monument
Jugendherberge - Campingplatz Youth hostel - Camping site	Auberge de jeunesse - Terrain de camping Jeugdherberg - Kampeerterrein
Bebaute Fläche, öffentliches Gebäude Built-up area, public building	Zone bâtie, bâtiment public Bebouwing, openbaar gebouw
Industriegelände Industrial area	Zone industrielle Industrieterrein
Park, Wald - Weinberg Park, forest - Vineyard	Parc, bois - Vignoble Park, bos - Wijnberg
Stadtgrenze Municipal boundary	Limite municipale Stadsgrens
Stadtspaziergänge City walks	Promenades en ville Wandelingen in stad
MARCO POLO Highlight	MARCO POLO Highlight

ALLE **MARCO POLO** REISEFÜHRER

DEUTSCHLAND

Allgäu
Amrum/Föhr
Bayerischer Wald
Berlin
Bodensee
Chiemgau/ Berchtesgadener Land
Dresden/ Sächsische Schweiz
Düsseldorf
Eifel
Erzgebirge/ Vogtland
Franken
Frankfurt
Hamburg
Harz
Heidelberg
Köln
Lausitz/ Spreewald/ Zittauer Gebirge
Leipzig
Lüneburger Heide/ Wendland
Mark Brandenburg
Mecklenburgische Seenplatte
Mosel
München
Nordseeküste Schleswig-Holstein
Oberbayern
Ostfriesische Inseln
Ostfriesland/ Nordseeküste Niedersachsen/ Helgoland
Ostseeküste Mecklenburg-Vorpommern
Ostseeküste Schleswig-Holstein
Pfalz
Potsdam
Rheingau/ Wiesbaden
Rügen/Hiddensee/ Stralsund
Ruhrgebiet
Sauerland
Schwäbische Alb
Schwarzwald
Stuttgart
Sylt
Thüringen
Usedom
Weimar

ÖSTERREICH SCHWEIZ

Berner Oberland/ Bern
Kärnten
Österreich
Salzburger Land
Schweiz
Steiermark
Tessin
Tirol
Wien
Zürich

FRANKREICH

Bretagne
Burgund
Côte d'Azur/ Monaco
Elsass
Frankreich
Französische Atlantikküste
Korsika
Languedoc-Roussillon
Loire-Tal
Nizza/Antibes/ Cannes/Monaco
Normandie
Paris
Provence

ITALIEN MALTA

Apulien
Capri
Dolomiten
Elba/Toskanischer Archipel
Emilia-Romagna
Florenz
Gardasee
Golf von Neapel
Ischia
Italien
Italienische Adria
Italien Nord
Italien Süd
Kalabrien
Ligurien/Cinque Terre
Mailand/Lombardei
Malta/Gozo
Oberital. Seen
Piemont/Turin
Rom
Sardinien
Sizilien/Liparische Inseln
Südtirol
Toskana
Umbrien
Venedig
Venetien/Friaul

SPANIEN PORTUGAL

Algarve
Andalusien
Barcelona
Baskenland/Bilbao
Costa Blanca
Costa Brava
Costa del Sol/ Granada
Fuerteventura
Gran Canaria
Ibiza/Formentera
Jakobsweg/Spanien
La Gomera/ El Hierro
Lanzarote
La Palma
Lissabon
Madeira
Madrid
Mallorca
Menorca
Portugal
Sevilla
Spanien
Teneriffa

NORDEUROPA

Bornholm
Dänemark
Finnland
Island
Kopenhagen
Norwegen
Oslo
Schweden
Stockholm
Südschweden

WESTEUROPA BENELUX

Amsterdam
Brüssel
Dublin
Edinburgh
England
Flandern
Irland
Kanalinseln
London
Luxemburg
Niederlande
Niederländische Küste
Schottland
Südengland

OSTEUROPA

Baltikum
Budapest
Danzig
Estland
Kaliningrader Gebiet
Krakau
Lettland
Litauen/Kurische Nehrung
Masurische Seen
Moskau
Plattensee
Polen
Polnische Ostseeküste/ Danzig
Prag
Riesengebirge
Russland
Slowakei
St. Petersburg
Tallinn
Tschechien
Ukraine
Ungarn
Warschau

SÜDOSTEUROPA

Bulgarien
Bulgarische Schwarzmeerküste
Kroatische Küste/ Dalmatien
Kroatische Küste/ Istrien/Kvarner
Montenegro
Rumänien
Slowenien

GRIECHENLAND TÜRKEI ZYPERN

Athen
Chalkidiki
Griechenland Festland
Griechische Inseln/ Ägäis
Istanbul
Korfu
Kos
Kreta
Peloponnes
Rhodos
Samos
Santorin
Türkei
Türkische Südküste
Türkische Westküste
Zakinthos
Zypern

NORDAMERIKA

Alaska
Chicago und die Großen Seen
Florida
Hawaii
Kalifornien
Kanada
Kanada Ost
Kanada West
Las Vegas
Los Angeles
New York
San Francisco
USA
USA Neuengland/ Long Island
USA Ost
USA Südstaaten/ New Orleans
USA Südwest
USA West
Washington D.C.

MITTEL- UND SÜDAMERIKA

Argentinien
Brasilien
Chile
Costa Rica
Dominikanische Republik
Jamaika
Karibik/ Große Antillen
Karibik/ Kleine Antillen
Kuba
Mexiko
Peru/Bolivien
Venezuela
Yucatán

AFRIKA UND VORDERER ORIENT

Ägypten
Djerba/ Südtunesien
Dubai
Israel
Jordanien
Kapstadt/ Wine Lands/ Garden Route
Kapverdische Inseln
Kenia
Marokko
Namibia
Qatar/ Bahrain/ Kuwait
Rotes Meer/Sinai
Südafrika
Tansania/ Sansibar
Tunesien
Vereinigte Arabische Emirate

ASIEN

Bali/Lombok
Bangkok
China
Hongkong/ Macau
Indien
Indien/Der Süden
Japan
Kambodscha
Ko Samui/ Ko Phangan
Krabi/Ko Phi Phi/ Ko Lanta
Malaysia
Nepal
Peking
Philippinen
Phuket
Rajasthan
Shanghai
Singapur
Sri Lanka
Thailand
Tokio
Vietnam

INDISCHER OZEAN UND PAZIFIK

Australien
Malediven
Mauritius
Neuseeland
Seychellen
Südsee

REGISTER

In diesem Register sind alle im Reiseführer erwähnten Sehenswürdigkeiten und Ausflugsziele sowie einige wichtige Straßen und Plätze aufgeführt. Gefettete Seitenzahlen verweisen auf den Haupteintrag.

SCHREIBEN SIE UNS!

SMS-Hotline: 0163 6 39 50 20

E-Mail: info@marcopolo.de

Egal, was Ihnen Tolles im Urlaub begegnet oder Ihnen auf der Seele brennt, lassen Sie es uns wissen! Ob Lob, Kritik oder Ihr ganz persönlicher Tipp – die MARCO POLO Redaktion freut sich auf Ihre Infos.
Wir setzen alles dran, Ihnen möglichst aktuelle Informationen mit auf die Reise zu geben. Dennoch schleichen sich manchmal Fehler ein – trotz gründlicher Recherche unserer Autoren/innen. Sie haben sicherlich Verständnis, dass der Verlag dafür keine Haftung übernehmen kann. Kontaktieren Sie uns per SMS, E-Mail oder Post!

MARCO POLO Redaktion
MAIRDUMONT
Postfach 31 51
73751 Ostfildern

IMPRESSUM

Titelbild: Blick über Limmat auf Grossmünster (Look: Quadriga Images)
Fotos: G. Attinger (1 u.); O. Baumli (104 u.); W. Dieterich (18/19, 30, 34, 35, 36, 38, 40, 48, 51, 54, 64 l., 65, 73, 82, 90, 92/93, 98, 100/101, 104 o., 105); Fahrradbau Stolz: Christian Wittwer (16 o.); R. Freyer (Klappe l., 3 M., 3 u., 22, 25, 33, 41, 43, 46/47, 70, 72, 76/77, 78, 80, 84/85, 94, 98/99, 99, 101, 112/113); Huber: Da Ros (2 M.u., 26/27); Look: Quadriaga Images (1 o.); mauritius images: Alamy (10/11, 52, 64 r., 100); Anne-Martine Perriard: Roman Keller (17 u.); D. Renckhoff (Klappe r., 2 o., 2 M.o., 2 u., 3 o., 4, 5, 6, 7, 8, 9, 12/13, 15, 21, 24 l., 24 r., 44, 57, 58/59, 60, 63, 66, 68/69, 74, 86, 89, 96, 111); schminkbar: Francesca Giovanelli (16 u.); Umwelt Arena AG (17 o.); Vibrio: reactable (16 M.)

10. Auflage 2012
Komplett überarbeitet und neu gestaltet

Chefredaktion: Michaela Lienemann (Konzept, Chefin vom Dienst), Marion Zorn (Konzept, Textchefin)
Autor: Christof Hegi, Co-Autorin: Gabrielle Attinger, Redaktion: Jochen Schürmann
Verlagsredaktion: Anita Dahlinger, Ann-Katrin Kutzner, Nikolai Michaelis
Bildredaktion: Gabriele Forst
Im Trend: wunder media, München
Kartografie Reiseatlas: © MAIRDUMONT, Ostfildern; Kartografie Faltkarte: © MAIRDUMONT, Ostfildern
Innengestaltung: milchhof: atelier, Berlin; Titel, S. 1, Titel Faltkarte: factor product münchen

Printed in Germany. Gedruckt auf 100% chlorfrei gebleichtem Papier

BLOSS NICHT

Wie Sie es vermeiden, sich unbeliebt oder lächerlich zu machen

ABFALL ACHTLOS WEGWERFEN

Zürich gibt sich Mühe, eine saubere Stadt zu sein – als Gast sollten Sie das respektieren. Es stehen überall Abfallbehälter herum, und auf einen Aschenbecher müssen Sie auch nicht lange warten, wenn mal vor Ihrer Nase gerade keiner steht. Im Übrigen werden Abfälle getrennt entsorgt und recycelt.

RÜCKSICHTSLOS FAHRRAD FAHREN

Zürich ist den Fahrradfahrern gegenüber sehr tolerant – manche meinen sogar zu tolerant. Auf den schmalen Straßen zockeln lange Autokolonnen und manchmal sogar die allmächtige, durchweg vorfahrtsberechtigte Straßenbahn (Tram) im Schritttempo hinter einem Velofahrer her. Doch in den Fußgängerzonen sind die Städter unerbittlich. Wer es hier wagt, mit dem Fahrrad an Passanten vorbeizuflitzen, riskiert böse Blicke und Worte – und wenn's dumm kommt, eine saftige Buße von der Polizeipatrouille.

IN DIE AARGAUERFALLE TAPPEN

Die Zürcher Trams haben im hinteren Kabinenende eine laute Klingel, die sich mit dem Fuß betätigen lässt. Sie dient den Trämlern als Signal beim Rangieren. „Aargauerfalle" nennen die Zürcher diese Klingel nach den Bewohnern des angrenzenden Kantons, den sie gerne als Provinz verspotten. Wer den am Boden angebrachten Knopf nicht kennt, tritt oftmals unbeabsichtigt darauf und macht damit nicht nur die ganze Tram, sondern auch den Verkehr rundherum auf sich – und seine provinzielle Herkunft – aufmerksam.

SCHWYZERDÜTSCH IMITIEREN

Geben Sie sich keine Mühe, den schweizerdeutschen Dialekt zu sprechen oder – noch schlimmer – mithilfe des häufig eingesetzten Diminutivs nachzuäffen. Schweizerdeutsch ist eine schwierige Sprache, und man blamiert sich nur. Die Schweiz ist überdies ein viersprachiges Land, die Schweizer sprechen nicht nur Hochdeutsch als erste Fremdsprache, sondern auch Französisch und Italienisch sowie – wer aus Graubünden stammt – auch Rätoromanisch.

KUCKUCKSUHREN KAUFEN

Es gibt Leute, die halten eine Kuckucksuhr für das höchste aller Gefühle. Wenn Sie in Zürich eine Kuckucksuhr kaufen wollen, achten Sie zumindest darauf, dass Sie ein Schweizer und kein Schwarzwälder Modell erwischen, damit das Souvenir wenigstens authentisch ist.

DIE ZÜRCHER „ZÜRICHER" NENNEN

Eindeutig als ignoranten Touristen weisen Sie sich aus, wenn Sie von der Züricher statt von der Zürcher Bahnhofstrasse reden oder eine Zürcherin Züricherin nennen. Das kleine „i" macht hier den großen Unterschied!